夢の音読

心が前に歩き出す
365日の言葉の花束

はせがわ ちづこ

はじめに

　皆さまの日々の暮らしはどのようなものですか。
　ゆったり、のんびり過ごしているけれど、何か物足りなさを感じている方もいらっしゃれば、忙しく目の前のことに追われて、疲れを溜め込みながら過ごしている方もいらっしゃると思います。そして、何となくそれが当たり前のようになっているため、気がついたら半年、一年があっという間に経ってしまっていた、というのはよくあることですね。
　でも、心の持ち方と向き合い方次第で、人生が今よりもっと自分らしく、生き生きと明るく輝くものになるはず。

　大事なのは、自分を大切にし、そして丁寧に生きるということです。

　私たちは時に、自分自身を見失ってしまうことがあります。私もそうです。あまりの忙しさに、本当の自分の理想の姿、「ありたい自分」になっていないと気付いた時、やはり、自分自身を見つめ直したり、本当の心の声に耳を傾けていくことが、いかに大切か、と身にしみて分かるのです。

この本では、1日数行ずつ、輝きのある暮らしのヒントになるよう、私からのメッセージを365日分皆さまにお届けしようと思い、まとめました。
　日づけごとになっておりますので、毎日その日づけの通りにお読みいただいても良いですし、パラパラとページをめくりながら、気になるタイトルのところをご覧いただいても構いません。

　あたなの心の赴くままに目を止めて、そして出来れば声に出してお読みいただけると嬉しく思います。
　ご自身の声で耳に入ってきた言葉は、もうあなた自身のもの。
　きっと心が前に動き始めることでしょう。

　それらの言葉が少しでも、あなたらしい夢の実現に向けて、お役に立てば幸せです。

　　　　　　　　　令和元年葉月吉日
　　　　　　　　　　はせがわ ちづこ

夢の音読
もくじ

はじめに ……… 3

睦　月（1月）……… 7

如　月（2月）……… 25

弥　生（3月）……… 41

卯　月（4月）……… 59

皐　月（5月）……… 75

水無月（6月）……… 93

文　月（7月）……… 109

葉　月（8月）……… 127

長　月（9月）……… 145

神無月（10月）……… 161

霜　月（11月）……… 179

師　走（12月）……… 195

おわりに ……… 213

睦月

むつき

1月

一年の計は元旦にあり

年の初め、意気込んでたくさんあれもこれもと計画するよりも、落ちついて一年後のありたい姿を思い浮かべながら、じっくり計画してみましょう。
そして今日はその一歩。
これから変わっていく景色を楽しみに、嬉しい一歩を踏み出しましょう。

1月1日

宣言する

　今年の抱負。誰に遠慮することなく、思い切って、大胆に、わくわくすることをどんどん書き出して、宣言しましょう！
　そうしたら、もうあとは進むのみ。

1月2日

人生は一輪車と同じ

　目的地まで進むとき、バランスを保ちながらペダルをこぎ、途中で進めなくなってしまっても、前に行ったり後ろに下がったりしながら、また、よし！　と進んでいく。時には仲間と手を携えながら、時には一人でもくもくと……。
　ただ、バランスを保つためには、常にペダルを動かして。人生も同じ。ゆっくりでも、進めなくても、少しずつでもいつもペダルは動かして……。

睦月（1月）

1月3日

朝の質問

今日はどのように楽しく過ごす？
今日はどのような美味しいものをいただこうかしら？
今日は誰とうきうきするお話をする？
今日を充実させることは何にする？
今日は何を自分のごほうびに？
朝の自分に向けての質問が、一日ポジティブに過ごせるエネルギー源に。

1月4日

人生の豊かさ

人生の真の豊かさは、お金があることでも、ブランド物をたくさん持っていることでも、高級マンションに住んでいることでもなくて、自分の中にたくさんの選択肢があること。
自由に選べる選択肢をたくさん持っていると、可能性が広がり、人生が豊かになるのです。

1月5日

答えはきっと見つかる

　迷っても大丈夫。
　悩んでも大丈夫。
　いっぱい迷って、いっぱい悩んで、自分を見つめてみると、きっとその中に答えがあるから。
　だから大丈夫。

1月6日

思考が未来を作る

「私はこうなる！」
「私はこうなった！」
　と未来の自分の姿を思い浮かべ、断言すると、それが本当の未来を作っていきます。自分のありたい姿のイメージを頭にすり込むと、だんだんそのように行動が伴ってくるのです。
　未来思考で断言すること。それが夢の実現への第一歩。

1月7日

未来のために「今」を知る

うまくいっているときは浮足立たず、うまくいっていないときは現実から逃避せず。

どんなときも、未来に向けて大切なのは「今」を見つめて、「今」を知ること。

1月8日

「今」があるから明日がある

どのような未来になるかは、この「今」にかかっている。

未来に目を向けるのも大事だけれど、「今」をしっかり見つめて、「今」を丁寧に。

1月9日

未来の自分は
今日の言動が作っていく

　今自分がやっている行い、今発している自分の言葉。それが未来の自分を作っていく。
　明るい未来にするためには、今日この一日を大切に。今この瞬間を大切に。

1月10日

理想を明確にすると叶う

　どういう生き方をしたいのか。
　どういう自分でありたいのか。
　どのようになっていたいのか。
　どういう環境に身を置きたいのか。
　どういう価値観を大切にしたいのか。
　他者評価を気にせず、できないと決めつけず、自分の理想、明確化してみましょう。

1月11日

夢や想いを口にして

　想いをアウトプットしてみると、それが潜在意識に入り込み、さらにインプットも深まります。
　それが夢の実現への第一歩。そこから何かが変わり始め、夢へとどんどん近づくのです。

1月12日

信念のある目標を

　大きな目標でも、日々の小さな目標でも、そこに信念はありますか？
　心の伴わない行動は、目標達成も難しく、挫折もしやすくなってしまいます。
　大事なのは、こうなりたいという強い心。そして、そうなった自分の姿のイメージです。

1月13日

目標と夢

　眼の前に掲げる目標は、手の届くところに掲げましょう。
　すると、ちょっと頑張ったらできた！　という達成感の積み重ねが、大きな夢へとつながります。
　夢は大きく、目標は大きすぎず……。

1月14日

褒め言葉

　自分の中に「褒め言葉」はいくつありますか？
　言われて嬉しい「褒め言葉」。それなら周りの方たちにもたくさんの「褒め言葉」を使いましょう。
　大きなことを探すのではなく、小さなことをたくさんと。
　使っても嬉しい「褒め言葉」。

1月15日

褒め上手、褒められ上手になる

　褒められるとセルフイメージが高まります。
　褒められると自信も湧いてきます。
　どんどん褒めて、プラスのエネルギーを投げかけましょう。
　そしてプラスのエネルギーが飛んで来たら、しっかり素直に受け取りましょう。

1月16日

大きな目標を細分化する

　目標が大きすぎると、達成までの道のりが長く、とても大変。
　目標はもっともっと小さく、簡単に実行できるぐらいにしてみましょう。
　達成ごとに喜びも得られ、モチベーションが上がります。
　日常生活に取り入れられた小さな目標の積み重ねが、大きな目標へとつながるのです。

1月17日

はじめの一歩

　どうしても踏み出せないその一歩。その先は未来につながると知っているのに、なかなか勇気が出てこない。
　でも誰にでも、どんな成功者にも、必ずはじめの一歩があったのです。
　だから踏み出してみましょう。
　ポンと軽く。

1月18日

小さくても、
その一歩を踏み出すことが大事

　夢を見るだけではなく、夢を書き留めるだけでもなく、未来の姿をイメージしたら、今何ができるかを考えて、たとえ小さなことでも、やってみることがとっても大事。
　今できることで大丈夫だから。
　焦らない。

1月19日

「知らない」はチャンス

「知らない」→「できない」→「ダメだ」という負のループに入らないで、「知らない」→「やった！」→「学べる！」というプラスに転じる素直さが大事。
「知らない」ということは、成長できる大きなチャンスでもあるのです。

1月20日

いつチャンスが来ても
いいように

　今、夢や目標に到達していなくても、しっかり準備と努力をしていれば大丈夫。
　そして突然のチャンスもちゃんとキャッチできるように、アンテナを張って、感度を高め、あとはコツコツと前に進んでいくだけ。

1月21日

ありたい姿を基準にする

　決断に迷うとき、周りの環境や置かれた状況、周囲の声を基準にしないで、心の中の、自分が心地良い姿を思い浮かべて、心がふわっと軽くなる方を選んでみて。
　最終的に決めるのは、自分自身。

1月22日

好きなこと

　自分が本当に好きなこと、とても心地良いと思うことがあっても、忙しいとどうしても後回しにしがちだけれど、でも本当は、それが人生で一番大切なこと。

夢の音読

睦月（1月）

1月23日

自然の摂理に従う

　春に芽吹き、夏に生育し、秋には枯れ、冬に蓄える。
そしてまた春が訪れる。
　晴れの日もあれば、雨が降る時もあり、
穏やかな波の時もあれば、荒い波が打ち寄せることも。
　でも、どのような時も自然の摂理に逆らわず
また陽の目が見えると、信じる心も大切です。

1月24日

わくわくと

　夢や理想のビジョンを描くときは、なんとなく、ぼんやりとではなく、はっきりと、鮮明にイメージするほうが実現に大きく近づきます。
　そして思いっきりわくわくすること。

1月25日

目の前の扉

　大きな扉でも、小さな扉でも
　目の前に扉があるのならそれはあなた自身のもの。
　新しい世界に飛び込むのは、とても勇気のいることだけれど
自分で開けるからこそ、自分の思い描く未来への道ができ
自分の責任で進むからこそ、自分らしい生き方ができるのです。

1月26日

成功は習慣のたまもの

　うまくいくか、いかないか。
　それは環境によるものでも、能力によるものでもなく、毎日の習慣が大きく影響してきます。
　日々の思考、発想、行動、習慣。
　それがやがて成功に結びつくのです。

1月27日

「未来」は「今」の積み重ね

　私たちの「今」は「過去」の積み重ねと経験から。
　そして「未来」は、この「今」の積み重ね。
　だから「今」を大切にし、一瞬一瞬を丁寧に生きていくことが大事なのです。

1月28日

自分自身にも「ありがとう」

　なかなか言えない「ありがとう」。
　自分自身になんてなおさら言えない感謝の気持ち。
　でも、毎日毎日頑張っている自分自身をもっと労ってもっと感謝しても良いと思う。
そっと自分に「ありがとう」

❯ 1月29日 ❮

心にも潤いを

　心が乾いてきたのなら、「ありがとう」のミストをシュッシュッと。
「ありがとう」をたくさん言って、感謝の気持ちで満たされると、自然に心が潤ってきます。
　乾燥する季節。お肌の潤いとともに、心の潤いも大切に。

❯ 1月30日 ❮

信じる未来が現実になる

　理想の未来は叶うと、強く信じること。信じることで不思議と理想に近づいていき、やがてそれが現実に。
　だから、理想の未来にいる自分を信じて、迷わず行動していきましょう。

1月31日

俯瞰する

　自分自身を客観的に見ると、落ちついて物事を考えられます。
　自分自身を上から見てみると、大変だと思っていたことが、小さなことに感じられます。
　自分自身を高いところから見てみると、感情的にならずにいられます。
　俯瞰してみましょう。

如月

きさらぎ

2月

静かに咲かせる

ほとんど木のお花が咲いていない冬に咲き出す梅。
桜ほど華やかさもなく、
咲き方も散り方もゆっくりだけれど、
それがまた美しい。
寒さの中でも静かに咲く梅のように
小さくても味わいある美しさも素敵です。

2月1日

チャンスをつかむ勇気

　チャンスをつかむかつかまないかは、自分次第。
　だって誰のところにも訪れるのだもの。
　見逃さない目と、つかむ勇気。
　それさえあれば、もうチャンスは自分のもの。

2月2日

まずは動き出す

　思い描く理想や夢を現実にしたいと強く願うのなら、叶う未来を鮮明にイメージして、行動に移すのが一番です。
　大きなことをしなくても、できることから。
　軽く、ポンと……。

2月3日

立春

新しい春。
新しいステージに向けて動き出す時。
心の中にある本当に大事なもの、心の中にまいた小さな種にしっかりお水を注ぎましょう。
花開く嬉しい季節が巡る時です。

2月4日

目の前の
わくわくを大切に

夢になかなか到達できなくても、決して焦らず、遠いところに目を向けるのではなく、目の前のわくわくを一つ一つ積み重ねていきましょう。

2月5日

好奇心は三歩先まで

　未知の世界にはたくさんの魅力がつまっています。時にはチャンスも散りばめられていることも。
　ですから、様々なことに興味を持ち、日々の生活に変化をもたせると、より豊かでより充実した人生になってきます。
　やるべきことは一歩ずつでも、向ける好奇心は三歩先まで。

2月6日

無理だと決めつけない

　私にはできない、私には無理だと決めつけると、せっかく興味があることも、いつまで経っても実現しません。
　本当は心の奥底でやりたい……と思っているのだから、大事にしないといけないのです。

2月7日

できる理由を見つける

　なかなか一歩を踏み出せないのは、できない理由ばかりに目を向けているから。
　小さなことでも、少しずつでも、「できる」ことにフォーカスして、やりたいこと、諦めないで、前に進んでまいりましょう。

2月8日

とりあえず

　失敗することも、落ち込むこともあるけれど、とりあえず顔を上げて、形だけでも胸を張ると、自然と気持ちが前向きになってきます。
　そして自分を認めて、受け入れていきましょう。

2月9日

一歩

　大きな一歩が大事なのではなくて、小さな一歩に意味があるのです。
　それが本当に些細なことでも、他人にとってみたら、つまらないように見えたとしても、小さな一歩から得る経験を大事にしましょう。

2月10日

可能性はたくさん

　これしかできない。時間がない。私には無理、だなんて思わないで。
　誰にでも、どのような状況でも、自分の中の可能性を掘り出してみると、たくさんあるはずなのです。
　自分を信じて。

2月11日

やりたいことは、まずやってみる

　本当にそれをやりたいのなら、やらなければ悔いが残るだけ。
　躊躇していても進まない。
　良いか悪いか、正解か誤りか、やってみなければわからない。
　まずは思い切ってやってみる。

2月12日

夢は必ず実現すると信じる

　まだ実現していない目標や夢を心配したり、執着すると、かえって望みを遠ざけてしまいます。
　大事なのは、ただ実現すると信じること。
　思い描いた夢に向かって信じてその道のりを楽しむこと。

2月13日

姿勢をよくしよう

前を見ると、先が見える。
前を見ると、思考も前向きに。
前が見えると、明るくなる。
だから
姿勢を正して
前を向こう。

2月14日

未来は自由

　過去に対する後悔ばかりだと、視野が狭くなり、これからのチャンスも見逃してしまいます。
　たとえゆっくりでも、たとえ半歩ずつでも、無限大の可能性が広がる未来を向いて歩いてまいりましょう。
　過去は変えられなくとも、未来は自由に作れるのです。

2月15日

集中力

　同じことを長時間続けると、誰でも集中力は途切れます。大事なのはメリハリ。
　ダラダラやらずに時間のメリハリを。静と動を意識して身体のメリハリを。感覚に変化をつけて五感のメリハリを。
　どうしたらスイッチがオンになり、どのようにオフにすると自分にとってちょうどいいのか、知っておくと良いですね。上手に気分転換しながら、集中力を維持しましょう。

2月16日

「ひらめき」を後悔しない

　一瞬で答えがわかるようなひらめきでも、大きな発見や発明のようなひらめきでもなく、「何となくこっちかも」というような直感は、誰にでもあるものです。でもその直感に従って、うまくいかないときももちろんあります。
　だけどそれは「ひらめき」が間違っていたのではなく、別の何かがもたらされる前兆だったりするのですから、決して後悔せず、また次の直感を信じましょう。

2月17日

まずはやってみる

　できるかできないかは、やってみなければわからないのです。まずはとりあえず、やってみましょう！
　完璧でなくてもいいんです。そこでの反省点を次に生かせば、どんどん可能性は広がっていきます。
　失敗したっていいんです。必ず自分の成長の糧になるのですから。
　自分で限界を決めないで……。

2月18日

歩きながら調整する

　まだ先にある目的地に、いきなりまっすぐ突き進まなくてもいい。歩きながら軌道修正したり、微調整したりしながら少しずつ進んで行けばいい。
　恐れず、慌てず、一歩ずつ。

2月19日

プロセスを楽しむ

　うまくいくようにしよう。
　結果を出さなくてはいけない。
　失敗したくない。
　と思いながらやっていると、苦しくなってくることもあるものです。
　それよりも、プロセスに楽しみをたくさん見つけて、自分自身を楽しむようにしてみましょう。

2月20日

変化の中にこそ
成長がある

　安心、安全なところにいるだけでなく、ほんの少しの変化を求めて動き出すと、そこには大きな学びと成長が待っています。
　何もしなければ楽かもしれない。でも、何もしないと変わらない。
　思い切って、ちょっといつもと違うことをやってみましょう。

2月21日

やってみなければ
わからない

　チャンレジしましょう！　踏み出しましょう！
　うまくいかなかったらどうしようと思っていたら、せっかくの「想い」もそのままに。
　うまくいくかどうかなんて、やってみなければわからない。やってみることに価値があるのですから。
「想い」を「行動」に移しましょう！

2月22日

いろいろな方法を試してみる

　行き詰まったとき、うまくいかなくなったとき、一回そこから離れてみて、ゆっくりと目を閉じて深呼吸。
　一つの方法に固執しないで、別のやり方を試してみましょう。
　案外、さっとうまくいくかもしれません。

2月23日

外から見えない部分を強くする

　目に見える成果がなかなか出なくても、今はじっと栄養を蓄える時。
　外から見えない部分を強くして、また強くなっていると自分を信じて、花開くベストのタイミングを待ちましょう。焦らずに。

2月24日

失敗してもいい

　失敗してもいい。
　間違えてもいい。
　何もしないでいるよりずっといい。
　失敗しても、ちゃんと前に進めるから。大切なことがわかるから。

2月25日

たまには自分を甘やかす

　追い詰めないで。
　追い込まないで。
　ときには自分を許して。
　甘やかして。
　小さなご褒美で大きく喜べると、また活力が湧いてきます。
　自分自身を甘やかす、ホッとするひとときも大切です。

2月26日

自分の限界を決めない

　できるかできないかは、やってみなければわからない。
　計り知れない可能性を信じて、恐れず、躊躇せず、まずはやってみる。
　ここまでって決めないで。

2月27日

失敗は怖くない

　子どもの頃はたくさん転び、たくさんの失敗を重ねてきた。だから私たちはここまで成長し、大人になってきたのです。

　大人になると新たなことに対してだんだん臆病になるけれど、失敗を重ねて強くなってきた私たち。だから大丈夫。失敗は決して怖くない。

2月28日

雨は
誰のところにも降ってくる

　どうして自分はこんな思いをしなくてはいけないのかと、不運を嘆きたくなることもあるでしょう。

　でも、それが永遠に続くわけではなく、いつか必ず晴れ間が見えてきます。大事なのは、その光が差し込むまで、どのように考え、どのように行動するのか。

　雨は自分だけに降ってくるのでもなく、止まない雨もないのです。

弥生

やよい

3月

目に見えないところに
大切なことがある

草木がいよいよ芽吹く時。クロッカスがいち早く土から顔を出す頃です。
冬の間は雪が降ろうと霜が下りようと、土の中で球根がしっかり栄養を蓄えて、じっと葉と花茎を出すタイミングを待っています。
色とりどりのお花はもちろんとてもかわいいけれど、目に見えないところにも大切なことがかくれていることを、私たちは忘れてはいけませんね。

3月1日

まずは環境を整えて

　春。
　爽やかなそよ風が窓から入り、気持ちの良い季節。
　お部屋の中は雑然としていませんか。
　何をするにもまず自分の周りの環境を整えて、心地良いと思える空間を作りましょう。
　そうすると、心の中も頭の中もすっきりし、良いアイデアが浮かんでくるかもしれません。

3月2日

大切な日

　特別な日でなくたって、一日一日が大切な日。
　昨日の一日が今日を作り、今日の一日が明日を作っていくのです。
　一つ一つの行動を丁寧に味わえば、心豊かな世界が広がります。
　毎日が大切な日。

3月3日

今の日常を満たす

　理想の未来が訪れたとき、それはやっぱり日常になる。
　だからいつでも、まずは今の日常を満たして。今の自分を満たして。
　そして理想の未来に向かいましょう。

3月4日

自分で自分を楽しませる

　人を幸せにするためには、まずは自分を幸せにできること。
　人を楽しませるためには、まずは自分を楽しませられること。
　環境のせいにせず、他人のせいにもせず、何もなくたって自分自身を楽しませる力を持つことが大事。

3月5日

執着を手放す

　夢に向かうとき、その欲しい状態はもう受け取ったと信じること。
　どうしたらそうなるだろうとばかり考えていると、今それができていないことにフォーカスしてしまいます。
　できていないという状態に執着せず、まずは夢が叶うと信じてみましょう。

3月6日

スペースを作る

　身の回りも頭の中も、ぎっちぎちに詰め込まれていたら、良いものが入ってくるスペースがありません。
　目に見えるものも、行動も、そして頭や心の中も、しっかりスペースを作って、ゆとりを持たせておきましょう。
　流れがとても良くなります。

3月7日

今いる場所を輝かせる

どこかの輝く場所を探し求めるのではなくて、今いる場所を自分らしく輝かせるほうがずっといい。

置かれた場所で精一杯力を尽くすこと。そうすれば、次第にそこが輝いてくるはずだから。

3月8日

ひとつひとつに心を込める

人に対しても、物に対しても、
所作や扱いに気を配り、
そこに想いが込められれば、
優しい世の中
愛のある世の中になる。

3月9日

心の筋肉を鍛える

　心をほぐし、心の声を聞きながら、感性に磨きをかけましょう。
　柔軟に、そして鋭敏に感覚を研ぎ澄ませて、その感覚を大事にしながら、心の筋肉を鍛えましょう。

3月10日

物の扱いは丁寧に

　書類、ペン、名刺、カバン、お箸、器……。私たちが生活の中で扱う様々な物。
　丁寧に扱っていますか。優しく扱っていますか。
　普段の何気ない物の持ち方に人間性が表れ、一緒にいる方との心地良さも左右されるのです。
　物の扱い方、見直してみましょう。

弥生（3月）

3月11日

クローゼットの中身

　ギューッと詰め込まれたクローゼットの中。雑然としていませんか。お洋服が苦しそうではありませんか。
　クローゼットの中身は増やさないように心がけ、空間を作って、風通しよくしておきましょう。
　そこから取り出した一着は、その日のあなたをきっと魅力的にしてくれるはず。毎日のお洋服選びが楽しくなります。

3月12日

いつもの暮らしに 少しだけ変化を

　ふんわりとしたタオルに新調するだけで、手や顔を拭いたりするたびにほっとします。
　お食事をいただくとき、かむ回数を10回増やすだけで、食べ物に対する感謝の気持ちが湧いてきます。
　いつもつけているテレビを今日はオフにしてみるだけで、自分の時間が少し輝いたりします。
　ちょっとした工夫。あなたなら今日は何をしてみますか。

3月13日

片付けると
流れ始めるエネルギー

　身の回りが片付いていると、良いエネルギーが流れてきます。
　でもなかなか片付けられないときは、まずは好きな場所に行ったり、ワクワクすることをして、自分自身に少しエネルギーチャージ。それから取りかかってみましょう。
　エネルギーが循環し、良い波動が次第に共鳴してきます。

3月14日

湧いてくる気持ち

　心の中の正直な気持ちを大切にすると、ふと湧き上がってくる潜在意識。
　普段は底のほうで眠っていても、それが目覚めるとき、直感となって表れます。
　直感は空から降ってくるのではなく、心の底から湧いてくる。

3月15日

小さな幸せに感謝する

　大きなことを望まなくても、周りを気をつけて見てみると、小さな幸せはいっぱいです。
　だから、小さな幸せにこそ、大きく感謝して、自分自身を満たしましょう。

3月16日

心から大切に思うもの

　物が溢れていて、何でも手に入る今だからこそ、選ぶときは丁寧に。
　本当に自分にとってそれが大事なものなのか、本当に心から大切にできるものなのか。
　本当に大切なものに囲まれていれば、気持ちも豊かに、心地良くなってきます。
　毎日の暮らしは丁寧に。

3月17日

審美眼はなくても

　芸術や美を見極める力はなくたって、自分が綺麗だと思ったら、それが綺麗。自分が素敵だと感じたら、それが素敵。
　見ていると心地良いと思う自分なりの美しさの基準を知っていて、そういうものに囲まれた生活をすると、心が豊かになってきます。
　あなたにとって美しいと感じる物は何ですか。

3月18日

磨く

　ステップアップするためには、焦る気持ちを落ちつかせ、今あるものをしっかり見て、それを大事に磨くこと。
　日々の行動。自分の魂。
　丁寧に磨いてまいりましょう。

3月19日

今見えている世界の
外を見てみる

　大それたことはしなくても、今よりちょっと視野を広げてみて、いつも通らない道を歩くとか、いつもあまり注文しないものを頼んでみるとか、いつも通り過ぎるところをあえて立ち止まってみるとか……。
　いつもと違う世界を見ることで、その刺激が大きなエネルギーになったり、心の底に眠っていた何かが湧き出るかもしれません。

3月20日

特別な人にならなくていい

　昨日の自分より今日の自分、今日の自分より明日の自分が、ほんのわずかでも成長していれば、特別でなくても、大成功を望まなくても、あなたの素敵な魅力が輝いてきます。
　その輝きこそが、唯一無二。

3月21日

必要なサインをキャッチする

　自分に必要なメッセージやサイン。実はどこにでも隠れています。
　街を歩いているとき。カフェにいるとき。コンビニに入ったとき。
　何気ない日常にあるたくさんの情報の中からそれをキャッチするためには、常にアンテナを高くして、いつでもキャッチできる準備をしておきましょう。見逃さないように。

3月22日

完璧でなくていい

　完璧でないから成長できます。
　できない部分があるから、可能性が見えてきます。
　完璧を求めず、限界も決めず、考えるのは自分自身の可能性。誰にでもあるものだから。
　だから、完璧でなくていいのです。

3月23日

あなたのままがステキ

あなたのままがいい。
ありのままがステキ。
他人の目を気にせず、自分らしく、自分なりに生きていく。
ゆっくりでいい。失敗してもいい。
あなたのままが一番いい。

3月24日

小さな幸せを大きく喜ぶ

大人になると高くなっていく幸せの基準。心がよほど満たされないと喜べなくなってしまうと、幸せの数も少ないままです。
思いきって幸せのハードルを下げてみましょう。身の回りの小さなできごとに幸せを感じ、大きく喜べると、不思議と願いや想いも叶いやすくなってきます。

3月25日

無心になる時間

　私たちは常に頭を働かせていて、思考はいつもフル回転。
　ですから、時には思考をストップさせ、無心になれる時間が必要です。
　心がリラックスすることができれば、潜在意識から湧き出てきたものもしっかりキャッチ。
　思考と心のバランスも大切に。

3月26日

本当に大事なもの

　目の前のことばかりにとらわれていませんか。目の前のことだけで判断していませんか。
　俯瞰して、心で感じるものを捉えられるよう、心の視点も上げてみましょう。
　大切なことは見えないところに。

3月27日

幸運は自分で作る

　幸運は訪れるのを待つのではなく、アンテナを張って良い波動を出していることが大事。良い波動には良い波動が共鳴します。
　そして自分は運がいいと信じること。そう信じていると、ラッキーなチャンスに気づきやすくなってきます。
　幸運は自分で作ることができるのです。

3月28日

今日も口角を上げて

　ちょっと辛いときさでも、何か悩んでいるときにでも、思いきって口角を上げてみると、少し気分が変わってきます。
　鏡を見て、口角を上げて、まずは形からでも、あなたの素敵な笑顔を作ってみましょう。

3月29日

口角を上げるのは寝る前にも

　寝る前には、一日の感謝の気持ちを持ち、小さなことでも良かったこと、嬉しかったことをゆったりと思い返してみましょう。
　もしも辛いこと、大変なことばかりで、ネガティブな感情が湧いてきてしまったら、とりあえず、口角をぎゅっと上げてみて。すると自然に心が穏やかになってきます。
　良い睡眠をとるためにも、口角を上げてポジティブに。

3月30日

私って運がいい！

　運を味方にするには、「私って運がいい！」と信じること。些細なことでも、あたり前に思えることでも、運がいいと思い込んでいると、いつのまにか幸運を引き寄せるようになるのです。
　今日も「ついてる！　ついてる！」。

3月31日

スイートピー

　ほのかな香りが幸福感をもたらすスイートピー。その名はまさしく甘い香りから。
　まるで飛び立つ蝶のような可憐な姿。
　春の門出にぴったりです。
　そして疲れた体を癒す優しい香りは、ゆったりとした眠りも誘います。たまにはお花の優しさに包まれて、幸せな時間を過ごしましょう。

弥生（3月）

卯月

うづき

4月

自分が変わると環境が変わる

家の窓から桜を見ることができなくても、美しい桜が咲くところに自分が出向いて行ったなら、咲き誇る見事な桜を愛でることができるのです。
やりたいことがあるのなら、できないことを環境のせいにするのではなく、「できる！」という意識と行動に、自分を変えていきましょう。
必ず周りの環境も変わってきます。

4月1日

人の心が動くのは

　知識や情報がいくらたくさんあったとしても、人の心を動かすのは難しい。
　言葉に「想い」が込められて、初めて人の心を動かします。
　あなたの素敵な「想い」。しまっておくだけでなく、しっかり言葉にのせて伝えましょう。
　お相手に届きますように。

4月2日

ほんの少しの勇気

　自分に制限をかけたり、できないという思い込みで踏み切れないのはもったいない。
　ほんの少しの勇気と思いきり。
　思い込みの枠を外して、一歩外へ踏み出してみましょう。
　あなたの可能性が広がります。

夢の音読

> **4月3日** <

チャンスを逃さない力

誰の目の前も通り過ぎる、偶然とチャンス。だから
チャンスを見逃さない力、
チャンスの声を聞き逃さない力、
チャンスの匂いを嗅ぎ分ける力、
チャンスの空気の流れを感じる力、
そしてそのチャンスをつかんで味わう力。
五感を使って逃さない。

卯月（4月）

> **4月4日** <

どうせやるなら
本気を出す

　興味があることでも、興味がないのにやらなければいけないことでも、どうせやるなら何となくやっているのではもったいない。
　やると決めたら、どんなことでも本気でやる覚悟が大切です。

4月5日

目標の理由

　目標を立てたときは、ただやみくもに努力するのではなく、理由を明確にすることも大切です。どうしてその目標を達成したいのか。
　そうすれば、途中何が起きても大丈夫。また元の道に戻り、進んでいくことができるのです。

4月6日

自分の人生は自分で作る

　心の声にしっかり耳を傾けて、素直になり、大事にするのは「To Do」ではなく「To Be」。
　ありたい自分の姿をイメージし、自分の人生を作るのは、他の誰でもないあなた自身。

4月7日

流れに
振り回されないように

　周りの方が勢いがあったり、流れが早かったりすると、惑わされてしまうこともありますが、冷静に今を見て、落ちついて自分を見て、ときどき今の自分軸を確かめて。
　流されないように。ブレないように。

卯月（4月）

4月8日

成功しようとするのでなく
成長しよう

　成功はあくまでも結果です。意識するのはその過程。
　一歩を踏み出し、成長できることを楽しめると、失敗への恐れもなくなります。
「成功しよう」とするのではなく、「成長しよう」と考えて、目標へのモチベーションを高めましょう。

4月9日

人生の選択肢を増やす

　人生、一つの道を突き進むのも良いけれど、一つに絞らなければいけないことは全くなく、好奇心を持って様々なことに挑戦し、選択肢を増やすのもまた人生。
　選択肢がたくさんあれば、様々な経験を積むこともできて、この味も知り、あの味も試してみて、自分の一番を見つけられると良いですね。

4月10日

そのうち……ではなく、今

　新年度は気持ちが切り替わって、やる気も湧いてくる時です。
　そのうちやろうと思っていても、そのいつかは絶対にやって来ませんから、今がチャンス！
　先延ばしせず、今、心に思っていること、できることから始めてみましょう。

4月11日

変えられるところから変えてみる

　一度に変えようとしなくても、完璧にしようとしなくても、より良くしようと意識して、少しずつ、少しずつ、行動していけたなら、昨日より今日、今日より明日が明るくなる。

卯月（4月）

4月12日

いつものパターンを変えてみる

　変わらない日常に変化をつけたいとき、暑さ寒さで思考力が鈍ったとき、いつものパターンをちょっとだけ変えてみるのがおススメです。
　いつもと違うルートを通ってみるとか、いつもと違うほうの足から靴を履いてみるとか。
　脳が刺激されて、創造力も湧いてきます。

4月13日

ちょっとした変化が良いスパイスに

　忙しくて余裕のないときや、いつも通りで惰性的になっているとき、意識的にいつもと違う変化球、小さな変化を投げ入れてみましょう。
　いつもは行かないカフェでのコーヒーの香り、普段は聴かないジャンルの音楽のメロディ、足を止めてみた公園の美しい緑。それが良いスパイスになって、またやる気が湧いてくるのです。

4月14日

過ぎたことは考え過ぎない

　いくら考えても戻ってこない過去のこと。もちろん、まだ来ない未来についてあれこれ悩んでも始まらない。
　大切なのは、今を一生懸命生きること。生きている今を大事にすること。

4月15日

「ありたい」自分

　不安なときや自信がないとき、周りに惑わされてしまうと、いつの間にか自分を見失ってしまいます。
　大切なのは自分が「どうありたいか」。しっかり心の声を聞いてみて。

卯月（4月）

4月16日

憧れの人を真似てみる

　素敵な人、憧れの人、理想の人。
　胸にしまっておくだけでなく、どんどん真似て、どんどん自分の中に取り入れてしまいましょう。
　その人にはなれないけれど、その人には近づける。
　そして自分を磨いて、自分らしく輝きましょう。

4月17日

直感

　直感は空から降ってくるものではなく、心の奥から湧き出るもの。
　心の奥底で何か感じるものがあったなら、その感覚、大事にして、すぐに行動に移してみましょう。

4月18日

素早い決断

　決断を悩むことに時間をかけるなら、直感力を磨くことにたくさん時間をかけたほうがいい。
　自分を磨いて直感力を身につけたら、きっと決断は早くなるはず。
　そうしたら、あとは前進するのみ。

4月19日

直感力をつけるには

　目で見て感じ、耳で聴いて感じ、鼻で嗅いで、手で触って、舌で味わって感じる。
　五感をフル活用し、感性を磨いて自分自身の心の声に敏感になりましょう。
　すると、ここぞという時、直感力が冴えてきます。

卯月（4月）

4月20日

「絶対」という答えを
見つけなくていい

　自分らしさって何だろうと考えた時、なかなか答えが出ないこともある。でも大丈夫。
　行動しながら、自分のしっくりするあり方や環境を探っていけばいいのです。
　最初から「これだ」という答えがわからなくても、自分を見つめながら進んでいれば、必ず答えは見つかるから。

4月21日

運は自分の解釈次第

　ついているとか、ついていないとか、運がいいとか、悪いとか。全ては起こった出来事に対する自分自身の解釈次第。
　そして自分は運がいいと思えば思うほど、脳は運を拾えるようになってきます。
　やっぱり運はみんなのもの。

4月22日

感情

　ネガティブな感情も、ポジティブな感情も、どちらが良い悪いというのはなく、どちらも大切。ネガティブな感情は、ポジティブな感情をしっかり支えています。
　だから否定しないで。

4月23日

感情的ではなく
感情豊かになる

　知らず知らずのうちにストレスを溜め込むと、ついつい感情的になってしまうもの。湧き上がる感情は抑えつけず、しっかり向き合うことで冷静になり、あとは喜びも悲しみも、楽しいことも辛いことも、素直に受け入れて、心豊かに過ごしましょう。

卯月（4月）

4月24日

要らない感情も
ついでに吐く

　心を整えるには、呼吸を整えるのが効果的。
　意識して呼吸をするために、まずは息を深く吐いてみましょう。
　ついでに要らない感情も吐き出すと、良い空気が自然に入って、
だんだん心も落ち着いてきます。

4月25日

優しさの中にいることを忘れない

　苦しいときや辛いときは、目の前の自分のことばかりで精一杯になりがちだけれど、周りには優しさがちゃんとある。温かさもちゃんとある。
　小さな心遣いに敏感に。そして感謝して。

4月26日

独りよがりにならないように

　他人の意見に耳を傾けず、自分の世界の中だけにいると、視野がとっても狭くなってしまいます。いろいろな価値観を受け入れながら、柔軟に視野を広げてまいりましょう。
　独りよがりの世界なんて、本当にちっぽけなものだから。

4月27日

「悩み」も潜在能力を引き出す大事なもの

「悩む」ということは、自分が変わろうとしている状態。ブラッシュアップしたいと思っている状態。まさに潜在能力が引き出されようとしている状態です。

　だからネガティブに捉えず、一つ一つ向き合って、乗り越えてまいりましょう。

卯月（4月）

4月28日

宿命をプラスにする

　誰もが持つ宿命。マイナスにひっぱられて生きるのか、プラスを生かして生きるのかは自分次第。

　大切なのは、変えられないものはそれを生かし、変えられるものは自分らしくすること。

4月29日

坂道

　人生、坂道があっても悪くない。
　平坦な道だけなら楽かもしれないけれど、何かがある頂点にたどり着いた時の達成感は嬉しいものです。
　もし途中でめげてしまっても、ちょっと立ち止まって、来た道を振り返ってみると、けっこう頑張ってきたんだと、また力が湧いてくるかもしれません。
　そうしたら、また一歩一歩上っていけばよいのです。

4月30日

後悔はしないように

　人生は思っているよりも短く、何が起こるかわからない。
　与えられた命をどう使うかは、あなた次第。
　会っておけばよかった。
　伝えておけばよかった。
　やっておけばよかった。
　そんな後悔をしないよう、やりたいことは今やっておこう。会いたい人には会っておこう。

皐月

さつき

5月

原点に戻って軌道修正

一年の3分の1が過ぎました。現状は果たしてベストなのだろうか。自分のやりたいことはできているか。改めて自分と向き合う時間を作り、原点に戻って確認してみましょう。もしそこから少し外れていれば軌道修正。清々しいこの季節、また心地良く進んでまいりましょう。

5月1日

私の心

　生きていれば嬉しいことも悲しいことも、楽しいことも辛いことも経験します。それらは良い悪いではなく、全て心の栄養になり、生きる糧となるのです。
　だから、マイナスのことを排除するのではなく、受け入れて、心の一部だと認めましょう。全て大切な「私の心」。

5月2日

自分探し

　何歳になってもまだまだ知らない自分がいて、未知の世界もたくさんあり、経験と学びを重ねれば重ねるほど、新たな可能性も見えてきます。
　道に迷っても、選択に悩んでも、常に自分の心のうちに問いかけながら進んでいくと、また希望や夢が湧いてきます。
　人生は自分探しの旅でもあるのです。

5月3日

答えは心の奥底に

　迷いがあるときや、出口が見えなくなってどうしていいのかわからないとき、苦しくなってしまうかもしれないけれど、大丈夫。
　答えはあなたの心の中に必ずあるから。
　しっかりと向き合って、心の奥底に眠っている自分の答えをゆっくり見つけ出してみましょう。

皐月（5月）

5月4日

行きたいところには行こう

　行きたいところがあるならば、
行けるように計画を立てよう。
　勢いで足を運ぶことができないならば、
どうしたら行けるかを考えよう。
　もし行かなければ、悔いが残るだけ。

5月5日

自分の基準を
見失わない

　自分の基準があるからこそ、迷わない。流されない。
　自分の基準があるからこそ、そこに必ず戻って来られる。
　自分が大切にしていること、自分の価値観をときどき確認して、自分の軸を見失わない。

5月6日

本当の自分を
見失わないで

　みんなと同じように振る舞うとか、周りに合わせてばかりだと、だんだん違和感を覚えることもあるかもしれません。
　そういうときは、自分の心の声に耳を傾け、自分の心に正直に。本当の自分を大切に。

5月7日

知らないことを知る喜び

　知らないことを知るって、とってもステキなこと。世界が広がり、人生が豊かになっていきます。
　知らないときは知らないことに謙虚になり、未知の世界へ素直に飛び込んでみましょう。

皐月（5月）

5月8日

「今」の心の声

　大事に温めていたことに対して、「今かも！」「今だ！」と感じたら、その正直な心の声を大事にして、思い込みやとらわれた感情は手放しましょう。
　大切なのは今のその直感。

5月9日

もっと自分を大切に

たまには甘やかしてもいい。
たまにはゆっくりしてもいい。
大事だもの。
自分の体。
自分の心。
だからもっと大切に。

5月10日

自分を許す

自分を許せると、他人も許せる。
自分を大切にできると、他人も大切にできる。
自分を愛せると、他人も愛せる。
まず自分自身に向き合って。

5月11日

自分も褒める

　褒めるって大事。他人の良いところを見つけて、たくさん褒めて、そして同じように自分のこともいっぱい褒める。あなたにもステキなところがたくさんあるはずだから。

5月12日

それがいい

　迷いがあっても、不安があっても、その道、その事、あなたの選んだものだもの。
　やっぱり、それが一番いい。

皐月（5月）

5月13日

ありのままで

　自分の感情に正直に、ありのままの自分が一番だと思えると、他人と比べることも羨むこともなくなります。
　心の声を素直に聞いて、まずは自分自身に安心すること。

5月14日

ありのままに
咲く花のように

　ありのままの自分でいい。無理に取り繕わなくてもありのままの姿で咲く、素直で健気なお花のように。
　そのままでいい。他人の目を気にするのではなく、自分らしく咲かせればいい。

5月15日

涙はこらえなくていい

　泣きたくなることもある。
　涙が溢れ出てくることもある。
　でもそれは、自分の中の素直な気持ちだから、無理に押さえつけず、泣いてもいい。
　我慢しなくても大丈夫。
　素直になって大丈夫。

皐月（5月）

5月16日

自分に集中する

　他人の芝が青く見えるかもしれないけれど、自分の価値感を大切にして、自分に集中していれば、他人のことも気にならなくなってきます。
　大丈夫。自分らしく。

≻ 5月17日 ≺

時には立ち止まってみる

いつも走っているだけでは息切れしてしまいます。
いつも進んでいるだけでは疲れが溜まってしまいます。
時には立ち止まる勇気を持ちましょう。

≻ 5月18日 ≺

疲れているときも
あえて姿勢を正す

　疲れているとき、気持ちが萎えているとき、意識して背筋、首筋を伸ばしてみましょう。うつむいていると、心もどんどん下向きに。
　でもあえて姿勢を正してみると、だんだん心が整ってきます。心の状態は体に、体の状態は心に影響するのです。
　凛とした心を取り戻すために、まずできること。それは姿勢を正すこと。

5月19日

自分の未来の姿

　未来のヴィジョンを持ち、その未来にいる自分の姿をはっきりイメージすると、その通りの未来が訪れます。
　なりたい姿を想像して、先にわくわく感を味わってしまいましょう。

皐月（5月）

5月20日

シンプルに生きる

　複雑な世の中。物や情報に溢れた生活。その中にどっぷりはまっていると、大事なことが見えなくなります。
　大切なことはシンプルなライフスタイルや、シンプルな思考の中に。

5月21日

素直さは成長の第一歩

　人生は常に学びと成長。たとえ歳を重ねていても、たとえ経験が豊富でも、素直な心である限り、新しい気づきや新しい学びをたくさん得ることができるのです。
　頑なにならず、柔らかく、心をゆるめてまいりましょう。

5月22日

言い訳をすると
運を逃す

言い訳をすると、楽しくなくなる。
言い訳をすると、何も始まらない。
言い訳をすると、エネルギーもマイナスに。
言い訳はしないで、前を向いてみよう。

5月23日

今できることを見失わない

　できるはずなのに後回しにしたり、できるはずなのにためらったり。
　でも、本当はできるのですから、見失わず、脇に置かず、今やってみましょう。

皐月（5月）

5月24日

未来を見据えた今を丁寧に

先のことは誰にもわからない。
だから自由に、好きなように、わくわくする未来をイメージして、そしてその状態で今を丁寧に生きること。
今を大切にすることが大事です。

5月25日

「今日」に集中する

　まだわからない未来に対する不安を持つよりも、「今」を大切にして、「今日」という日を丁寧に生きる。
　それが確かな明るい未来へとつながっていくのです。

5月26日

今「ある」ものを大事にする

　どうしてもできない、才能がない、環境が整っていないなどと、「ない」ことを意識しがち。
　でも大切なのは、今「ある」ものにフォーカスすること。
　あなたにも「ある」がいっぱい。

5月27日

不満を口にしない

　不満というのは、ネガティブな感情の中でもとても自分本位なもの。
　周囲や他人に対しての不満は、口に出していたら自分自身にもその言葉が跳ね返ってきます。それよりも、自分で自分を満たせる力をつけましょう。
　そうすれば、いつしか不満もなくなります。

皐月（5月）

5月28日

雨が降っても必ず晴れる

　どんなに土砂降りだったとしても、
その後には必ず太陽が顔を出す。
　どんなに風が吹いたとしても、
その後には必ず柔らかな空気に包まれる。
　辛くても、苦しくても、必ず報われる時が来る。

5月29日

自分らしさって何？と問う

　自分らしくありたいと思っているだけでなく、自分の好み、自分の価値感って何？　と、まずは自分に質問して、しっかり掘り下げることも大事です。
　なんでも可視化してみて、自分らしさを確かめてみましょう。

5月30日

「うまくいったことリスト」を作ってみる

　うまくいっていないとき、悩みの渦にはまってしまう前に、小さなことでもいいので、「うまく行ったことリスト」を書いてみましょう。
　「今日も健康で働けている！」、「家族の笑顔は元気の源！」、「そういえば1ヵ月前、こんなことができていた！」
　うまくいっていないときこそ、うまくいったことにしっかりと目を向けてみましょう。

5月31日

自信

　自分を見つめて自分を知り、他人に対する依頼ではなく、自分に対して信頼すること。
　自分を信じる。それが「自信」。

皐月（5月）

水無月

みなづき
6月

根を張る

木々の葉が青々としています。薔薇や芍薬が美しく咲いています。
自然の美しさやたくましさを見て、とても癒やされ、パワーをも受けとりますが、大地の下ではしっかりと根が張っていることも忘れてはなりません。
私たちも同じこと。葉を生い茂らせ、花咲くように、慌てずじっくり根を張ることを楽しみましょう。

6月1日

人生の質を決めるのは
自分自身

　人生の選択も、人生の決断も、人生の責任は自分にある。
　だからこそ、自由に、自分らしく、人生の質を高めましょう。

6月2日

発した言葉は
全て自分に返ってくる

　他人に対して言った言葉も、
自分に向けて言った言葉も、
全て自分の中に刷り込まれ、潜在意識の中にも入ります。
　プラスの言葉を使えば、心身にプラスの影響が、
マイナスの言葉はもちろんマイナスに。
　何気ない言葉こそ気をつけましょう。

6月3日

自分の道

　自分の人生に責任を持ち、良いことも悪いことも、全て自分の選択の結果だと認識しましょう。
　そうすれば、自分の道は自分の力で切り開いていけるのです。

水無月（6月）

6月4日

ゆったりと落ちついて

　おじぎをする。物を拾う。物を渡す。立つ。座る。
　日常的に行うどの動作も、ほんの数秒ゆったりと行うだけで、落ちついた安心感のある印象を与えます。

6月5日

真の心を知る

　協調性は大事だけれど、それは自分の本当の心の内をしっかり知った上でのこと。
　流されず、惑わされず、自分の気持ちを偽らず、真の心を大切にして。

6月6日

ピュアになる

　赤ちゃんは、生まれたときから何の疑いもなく、ピュアな心で見るもの、聞こえる音、感じること、全て吸収して覚えていきます。
　大人になると複雑になっていく心の中。でもときどきピュアになって、見るもの、聞こえる音、感じることからいろいろ学んでまいりましょう。

6月7日

素直さがあれば
得るものが大きい

　頑なな心は、外からの情報を受け入れられず、なかなか成長することもできません。

　柔軟に様々なことを吸収し、得意なことはさらに得意に、苦手なことは少しでも楽に。

　知らない分野ではどんどん知識を増やし、知っていることは違う視点から見ることができるようになるのには、やはり素直さが大切です。

水無月（6月）

6月8日

素直でありたい

　嬉しいときは、嬉しい。
　悲しいときは、悲しい。
　苦しいときは、苦しい。
　本当の気持を押し込めないで。自分の心に素直になっていいんです。
　我慢しないで。

6月9日

謙虚でありたい

　謙虚であるからこそ美しく、素直であるからこそ魅力的。
　決して驕ることなく、受容し、でも芯のある強さを持っていたい。

6月10日

変えられないものは
まず受け入れる

　変えたくても変えられない状況を、できない理由を並べて言い訳にしても改善することはありません。
　変えられないものは、まずは受け入れてみて、変えることができるもののほうにエネルギーを注いで変えていく努力をしてみましょう。
　与えられた状況を冷静に見つめ、それを認めることから始めます。

6月11日

潔さ

　いざというときに潔くいられるためには、常に直感力を磨いておくこと。
　初めて感じる感覚を大事にして、それに従うのもその一つ。心の声を聞く習慣を身につけ、その声に従えるようにしておくのも一つ。
　直感がいつでも冴えていれば、選択、決断の時に迷うことなく自信を持つことができるのです。

水無月（6月）

6月12日

自分を認めて

　憧れの方に近づけるよう、その姿を真似てみるのは効果的。
　でもその前に、自分を否定しないで、自分自身を認めてから。まずはそこからスタートしましょう。

6月13日

自分の気持ちに忠実に

　日々の生活の中でも、変化の時でも、惑わされず、流されず、直感を大事にして、自分の気持ちに忠実に。

6月14日

吹き飛ばされない軸を持つ

　自分らしい軸さえあれば、どんな風が吹いたとしても、どんなに周りがうるさくても、しなやかに、そして強く、吹き飛ばされず、流されず、そのまま進める。その道を。

6月15日

価値感を大切に

　ブレない軸を作るためには、自分の「価値感」を大切にすること。
　それが自分のスタイルだから。それが自分らしさだから。
　ブレない自分らしい生き方は、自分の「好き」を大切に。

水無月（6月）

6月16日

信念があれば

　継続することは難しい。でもたとえ環境が変わっても、世の中が変化していっても、信念があれば大丈夫。
　大変なことがあっても、立ち止まっても、自分の意志を強く持って、前を向いていきましょう。

6月17日

決断して行動すると叶う

　偶然も必然も、つかんだらそのままにしないで、決断する。
　そして、行動する。
　それが、夢を叶える秘訣。

6月18日

できる理由を見つける

　できないことを環境のせいにしたり、やらないことを多忙のせいにしたり、とかく私たちは、できない理由を見つけます。
　でもその言い訳は、全て自分に跳ね返り、決して成長はできません。
　理由をつけて前に進まないのではなく、できることを探してまいりましょう。

6月19日

徳を積む

　自分本位にならず、見返りを求めず、大きなことはしなくても、身の回りの小さな親切、細やかな善行、そういうものを意識して、人間力を高めましょう。

水無月（6月）

6月20日

マナーは思いやりの心

　マナーは自分が恥をかかないためではなく、周りの方々が心地良く過ごせるための思いやりの表れです。
「思いやりの心」、大切にしましょう。

6月21日

見返りのない愛を

　人のために尽くすときは、決して見返りを期待せず、心の底から溢れる愛を注ぎましょう。
　そのためには、自分自身にもしっかりと愛情をかけること。自分自身を満たすこと。

6月22日

冷静さと情熱

　忙しいときこそ「冷静」に。
　余裕があれば「情熱」を深める。
　そのバランスを保てると、物事に対するエネルギーがうまく循環していきます。

6月23日

あなたの強み

　何でも上手にできる必要はなく、自分の強みを知って、それを大事にしていくことが重要です。
　好きなこと、得意なこと、誇りに思うこと、そして私らしいと思うこと。
　あなたの強みは何ですか？

6月24日

そのままで

　周りの反応を気にしたり、できない自分を否定したり、頑張って背伸びをすることもあるけれど、本当はそのままが一番いい。

6月25日

今あるもの

　自分にないものばかりを気にするのではなく、今あるもの、今できることに目を向けましょう！　だってみんなステキだもの。

6月26日

あなたの道

　あなたの前に進む道が見えるのなら、周りを気にせず、あなたのペースで歩んでいけば良いのです。
　他人の道ではなく、あなた自身の道を進める幸せをかみしめながら。

6月27日

信じた道は
歩み続ける

　自分が信じた道ならば、迷わず、振り向かず、ただ前を向いて歩み続けよう。
　信じた道。それが自分の道だから。

6月28日

理想の人生に
近づくために

　過去のことばかりにとらわれず、未来にある理想に目を向けて、未来の自分の姿をイメージしましょう。
　それが理想の人生に近づく第一歩。

6月29日

心が豊かになるということ

　心を豊かにするためには、まずは自分自身を自分の"好き"で満たすこと。
　自分を大事にして、心地よい状態にする。
　満たされる。人生を楽しめる。
　心豊かになる。幸せになり、幸せを与えられる。
　そういうポジティブ・サイクルが大切です。

6月30日

幸せ

　もし自分が幸せになることにとまどいがあるのなら、周りの人たちも幸せになるように考えれば良いのです。
　みなが幸せになれる世界を作っていき、みなが生き生きと暮らせるように。

文月

ふづき

7月

夢や目標の見直し

年始め、夢や目標を掲げてから、半年が経ちました。
私たちは日々変化しています。核の部分はそのままでも、状況や環境、そして自分の気持ちも変わっているかもしれません。
もう一度、内面にあるイメージをポジティブに具体化させ、それを書き留めて可視化してみましょう。

7月1日

自信をなくしたときは

　自信をなくしたとき、無理矢理ポジティブに考えようとしても、心の中はついていかないもの。そういうときは、過去の成功や達成したことをひっぱり出してくるのが一番。
　過去の良い経験を思い出して、そのとき何が見えて、何が聴こえて、という感覚をもう一度感じてみましょう。
　暗くなっていた心の中にだんだん晴れ間が見えてきます。

7月2日

精一杯やったなら

　自分を責めたり、悩んだり、他人の目を気にしなくて大丈夫。
　精一杯やったのなら、それはとっても素晴らしいこと。
　まだ起きていないことに不安を感じるのなら、それはとてももったいないこと。
　前を向いて、今できることをまた着実にやっていけば大丈夫。

7月3日

何をすればよいか
わからなくなってしまったら

　何をするかではなく、まずは「どうありたいか」を確認することが、自分らしくいられる秘訣です。
　そうすれば、自然にやるべきことが見えてきます。

7月4日

わからないときは
わからないと言う

　謙虚でいること、素直でいること、それが多くの学びを引き寄せます。
　何となくわかったふりをしたり、曖昧にしてごまかさず、教わり上手になりましょう。自分の世界が広がってきます。

7月5日

いろいろな時がある

　良い時もある。悪い時もある。それが普通。
　だから、良い時は感謝して、悪い時は俯瞰して、それぞれの気持ちを受け止めて、また次のステップに進めばいい。

7月6日

現在地を確かめる

　今の自分を見つめて、今の自分を知り、今の自分の状態を確認するのはとっても大事。
　そして、現在地と目的地がわかれば、あとは進むだけ。

7月7日

初心に戻ってみる

　モチベーションが下がってしまったら、もう一度初心を思い出してみましょう。

　何故やろうと思っていたのか、どういう思いでやろうと決めたのか、どのようにやっていこうと思ったのか、そしてどういう自分になりたかったのか。

　この時のあなたの想い、とってもキラキラしていたはず。

7月8日

何度でもチャレンジする

　歩き始めの赤ちゃんだって、何度も何度も尻もちをついて、でもめげずに何度も何度も立ち上がり、健気に一歩一歩、少しずつ。あんなに小さな体で、歩けるようになるために、何度でも挑戦するのです。

　大人の私たちだって、少しぐらいできないからといって諦めず、一歩進めた喜びをかみしめながら、何度でもチャレンジしてまいりましょう。

7月9日

「今まで」より「今から」

　過去の失敗をふり返ってばかりだと、見ている方向は後ろ向き。

　大事なのは「今まで」よりも「今から」。これから始まる「今」は、未来につながる大切な時です。

　前を向いて進みましょう。

7月10日

夢を書いただけで満足しない

　夢や目標を書き終えると、ほっとしてそれで満足……とならないように気をつけて。

　これからが本番。これからが始動。

　歩き出しましょう！　動きましょう！

　未来に向かって着実に。

7月11日

「夢」の音読

あなたの夢は何ですか。あなたのわくわくすることは何ですか。

なかなか一歩を踏み出せないとき、「あなたの想い」、紙に書き出し、声に出して読んでみましょう。何度も何度も読んでいると、何だかできるような気がしてきます。

そうしたらもう、あなたの一歩、夢に確実に近づいています。

7月12日

意志の力だけに頼らない

新しいことを始めるとき、「やろう」という意志だけでなく、気持ちが高揚する素直な感情を大事にすると、チャンスもどんどん巡ってきます。

自分の心も大切にしながら、行動していきましょう。

7月13日

「こだわり」も
時には柔軟に

「こだわり」は頭を硬くして、時には自分の枠を狭めてしまいます。
　だから、こうしなくては……、こうあるべき……からちょっと外れて、思考を柔らかくすることも大切です。

7月14日

望む思いに執着しない

　望む思いが強すぎると、今の望んでいない状況にも思いを及ばせてしまい、不安になったり、焦ったりして、かえって望みを遠ざけてしまいます。
　軽く。ゆるく。
　今も幸せを見つけられるけれど、もう少しこうなったらいいなあ、ぐらいの気持ちが望みを叶える秘訣です。

7月15日

第一希望が
ベストとは限らない

　いつも第一希望の道を歩めるとは限りません。
　でも第一希望の道が、あなたの人生でベストであるとも限らないのです。
　今進んでいる道を自分でベストにするのが、大事なことなのです。

7月16日

たまには
運を天に任せてみる

　運を天に任せるというのは、諦めて何もしない、ということではないのです。迷ったり悩んだりしていたら、ちょっと心を落ちつかせて、その悩みを手放してみるということ。結果に対する執着をなくすということ。
　すると、ふと答えが見つかるかもしれません。そこからまた道が開けるのです。

7月17日

偶然の一致を見逃さない

　心をしっかり休めていると、潜在意識にアクセスして心の声をキャッチしやすくなります。そういうときに起こる偶然の一致。
　見逃さないよう、たまには心身を休めましょう。

7月18日

整える

　姿勢を整え、呼吸を整え、そして心を整える。
　すると、自分に対しても、周りに対しても、穏やかに、優しくなれるのです。

7月19日

メンテナンス

　心と体のメンテナンス、していますか。
　車や家だけではないのです。自分自身の心身とは一番長いお付き合い。一番使っているものなのです。
　ストレスが溜まってはいませんか。体の疲れが蓄積してはいませんか。
　ときどき自分自身に向き合って、心身を整える時間を持ちましょう。

7月20日

できない自分も
好きになる

　気持ちが萎えていると、周りのことがいつもより気になったり、比較してみたり、余計なことを考えたりしてしまいがち。
　でも、自分のペースで焦らずに、できない自分もあなただから、それを認めて好きになるのが一番です。
　すると、だんだん心にゆとりが生まれます。そして「できる自分」も見えてきます。

7月21日

本から得る力

　本は私たちに大きなエネルギーを与えてくれます。悩んでいるとき、自分の本来のあり方を思い出させてくれ、迷っているとき、その選択や決断の後押しをしてくれ、元気がないときには活力を、元気があるときもさらなる力を育む栄養を与えてくれます。
　本がそばにある暮らしで、心にもエネルギーを注ぎましょう。

7月22日

日本語を磨く

　外国語も大事だけれど、日本語はもっと大事。
　美しい言葉は私たち自身を磨きます。
　丁寧な言葉はお相手の心に響きます。
　誤解を招かないために、そして心地良いコミュニケーションのために、今日も日本語を磨いてまいりましょう。

7月23日

伝えたい想い

　伝えたい想いは、伝えなければ伝わらない。
　難しいかもしれないけれど、大事な想いがあるのなら、伝えましょう。
　あとで悔いが残らないために。

7月24日

伝わるように伝える

　伝えるって難しい。相手に伝わっていなければ、伝えたことにはならないから。
　だからまずは、人それぞれ、価値感や考え方が違うということを認識していることが大前提。その上でのコミュニケーションが大切です。

7月25日

伝える前にひと呼吸

　一度口に出した言葉は、決して元に戻すことはできません。
　プラスのことでも、マイナスのことでも、思いや感情をきちんと伝えるためには、まずはひと呼吸置いてから。そして自分の言葉に責任を持ちましょう。

7月26日

見えない電話口でも

　人とのコミュニケーションで大事な笑顔。電話でお話しするときだって、もちろん笑顔は大切です。
　見えないからと、意識しないで話していることはありませんか。
　笑顔は必ず声に乗って伝わります。姿が見えない電話口だからこそ、笑顔を忘れないでお話しくださいね。

7月27日

相づち

　お相手の言葉を真剣に聞いていることを態度で示す。話を進めやすいように的確な言葉をかける。お相手の感情に合った表情で聴く。
　コミュニケーションで大事なことの一つが「相づち」です。自分がどのように捉えたかを最もシンプルに表現するものですから、人間性や人柄も表れます。
　上手に相づちを打てていますか。

7月28日

心配り

　他人に対する心配りは、誰かが見ているからやるのではなく、誰も見ていなくてもできること。
　さり気なく心を配る。それが本当の思いやり。

7月29日

ゆっくりわかり合う

　人と人との関わりで、ちょっとギクシャクしてしまったら、焦らず丁寧に向き合って、ゆっくりわかり合えてこそ、信頼関係が生まれるもの。
　表面上のことだけにとらわれず、大切なことが見えてくるまで、焦らず、ゆっくり、丁寧に。

7月30日

Give and Give の心

　大それたことをするのではなく、日常の些細なことの中でも代償を求めずに、誰かのためになるような想いを持つことは、とても大切な心がけです。
　落ちていたゴミを拾う。コンビニの募金箱に小銭を入れる。
　できることは小さなことから。大事なのは、Give and Give。

7月31日

与えてこそ得られる

　何も与えなければ得るものもなく、見返りを求めずに与えるからこそ、そこから得るものが何かある。
　まずは与える。ただ与える。

文月（7月）

葉月

はづき

8月

向日葵のように

夏の明るい太陽の元で
真っ直ぐに青空に向かって咲き誇る向日葵。
モチベーションが少し下がったときなどに
元気をもらえるお花です。
私たちも時には大空を仰ぎ
自然のエネルギーを吸収しながら
向日葵のように
明るく元気に過ごして参りましょう。

8月1日

小さな扉

　夢に向かうための大きな扉を探しても、なかなか現れないものなのです。
　でも目の前にはほら、小さな扉がたくさんあるはず。
　小さな扉を開けて一歩前に進むことができたら、また別の小さな扉を見つけてその扉を開けていけば、いつのまにか世界が広がり、いつのまにか進むべき道を歩いていけます。

8月2日

誰にでもある
はじめの一歩

　失敗することも、挫折することも、自信をなくすことも、みんなある。
　でも何もしないと始まらない。一歩を踏み出さないと進まない。
　誰にでもあるはじめの一歩。
　そしてその一歩一歩の積み重ね。
　だから迷わず思いきって踏み出しましょう。

8月3日

一歩を踏み出す順番

　自信がなくても大丈夫。みんな初めはそうだから。
　自信がつくまで待っていたら、もしかして一生できないかもしれません。
　やってみたいことだもの。まずは一歩を踏み出して。
　すると自信もついてくる。

8月4日

慌てないで一歩一歩

　大きな結果を出そうとしなくても、上手にやろうと思わなくても、慌てないで。焦らないで。
　一歩一歩、自分の道を信じて歩いていけば大丈夫。

8月5日

まずは小さな楽しみを

時間がないから……。
余裕がないから……。
と、できない理由を探さずに、小さな楽しみをたくさん見つけて、心の余裕は自分で作っていきましょう。
本当の自分に正直に。

8月6日

できることから
一つずつ

新しいことを始めるにも、今あるものをより良くするにも、問題点を解決していくにも、大事なことは、焦らずに、できることを一つ一つやっていくこと。
一歩一歩進むこと。

8月7日

簡単なことほど
緊張感を

　手間のかかることや難しいことだけでなく、単純なことも、簡単なことも、きちんと向き合い、気持ちを込めて取り組むことが大事です。
　そこに大切なことが含まれていることもあるのですから。

8月8日

様々な経験が
大きな財産に

　無駄な経験は何一つなく、辛さを経験すれば楽しさを大きく感じられ、涙を流すことがあれば、いつかは最高の笑顔を作ることができ、たとえすぐにうまくいかなくても、夢が叶ったときには幸せを深くかみしめられます。
　どんな経験も、あなたの大きな財産に。

葉月（8月）

8月9日

人生は些細なことの積み重ね

　日常の小さなことにこそ大きな意味があったり、些細な感情や経験も全て人生における財産です。
　だから一日一日を丁寧に。

8月10日

日常生活も本番のように

　お客さまがみえるおもてなしの時だけでなく、自分自身や身近な方のためにこそ本番のような空間を。
　お部屋をきれいに片付け、お花を飾り、特別な時にしか出番がない素敵なカップも是非日常へ。
　自分に対するおもてなし。日常生活も大切に。

8月11日

点と点をつないでいく

なかなか本当にやりたいことが見つからなくても大丈夫。
　身の回りの「好き」を拾い上げて、小さな「好き」という点を少しずつつなげていくと線になり、それが増えれば形が見え、いつしか情熱に変わることもあるのです。
　日常の「好き」を大切に。

8月12日

＋（プラス）1

　立派な目標、大きな夢があるとしても、そこに向かうために必要なのは毎日毎日の積み重ね。昨日より今日、今日より明日がほんのわずかでも変化していれば、三六五日経ったらそれはとても大きな進歩です。
　ですから、ゆっくりでも、少しずつでも、大切なのは昨日より＋（プラス）1になる今日の過ごし方。

8月13日

行動するほど
自分のために

　言葉ではわかっているけれど、行動するのは難しい。
　やりたいと思っているけれど、やってみるのには勇気がいる。
　でも、たとえ上手くいかなくても、
行動すればするほど、全て自分のためになる。

8月14日

小さな達成感

　大きなことばかりやろうと意気込まなくても、小さな目標をたくさん作って、小さな達成感を十分に味わいましょう。
　それが大きな目標に近づく自信にもなるのです。

8月15日

目標に向かう過程を大事にする

　目標に向けて行動したあとのことは、あくまでも結果。
　大事なのはその過程にあり、どれだけ力を尽くしたか、どれだけ真剣に取り組んだか。そこに人間としての大きな成長があるのです。

8月16日

諦めないということ

　たとえ今できなくても、たとえ今叶わなくても、やっていること自体にとても意味があるのですから、止めないで続けたいと思う気持ち、プロセスを楽しむことが大切です。
　努力することが苦痛なのは執着心。
　努力することも楽しめるのが諦めない心。

8月17日

もう一回

　一歩先は未知の世界。人生何が起きるかわかりません。
　それなら諦めないで、トライして、未知の世界を味わいましょう。
　もう一回。

8月18日

くり返す

　苦手なことでも、くり返しくり返しやるとできるようになる。
　得意なことでも、何もやらないでいるとできなくなる。
　だから、好きなことこそくり返して、習慣にして、身につけていくと、人生がずっと豊かになる。

8月19日

大事なのは続けること

　一生懸命努力をしても、結果が出るのはすぐではないかもしれません。
　急いで結果を出そうと焦らずに、大事なのは続けること。その努力を信じること。

8月20日

「習慣」は
意識と積み重ねで作られる

　何かを身につけるためには、まずそれを習慣にしてしまうこと。
　それを習慣にするためには、実際の行動を積み重ねること。
　行動を積み重ねていくためには、毎日毎日それを意識していくこと。
　意識が無意識になったとき、それが「習慣」になるのです。

8月21日

階段は
一段ずつ上がればいい

　どのような状況に置かれても、慌てて段を飛ばして行かないで。
　焦らず、着実に一段ずつ上がればいい。
　一段一段上がっていくと、気がついたときには、元いたところからずいぶん上にいることがわかります。

8月22日

一貫性を持つ

　たとえやることや興味の対象が様々でも、そこに「こうありたい」という自分の理想があれば、ぶれない軸ができあがります。
　行動の選択に一貫性を持つと、他人の意見に振り回されず、迷いも生じません。あれも大事、これも大事と、思いがバラバラになってしまったら、もう一度、自分の足元をしっかり見つめ、「ありたい自分」を確認してみましょう。

8月23日

完璧ではなく
最善を尽くす

　完璧をめざさないのは、手抜きすることとは違います。それに向けて一生懸命取り組み、足りなかったところはあとで埋めていくのです。
　手抜きするのではなく、最善を尽くす。
　それが完璧にすることから気持ちを解放し、自分に優しくなれる秘訣です。
　完璧でなくても大丈夫。

8月24日

小さな成功の積み重ね

　大きな成功をしようとすると、なかなか一歩を踏み出せないけれど、小さな習慣、そして小さな成功を積み重ねられるよう、気持ちを楽にしてみましょう。
　それが大きな自信へと結びつきます。

8月25日

持久力

　いつも生き生きとしていている人、明るい笑顔を絶やさない人、はつらつと活躍をしている人、常に美しく輝いている人。
　共通しているのは「持久力」があること。
　素敵に生きる習慣やポジティブなマインド、人知れぬ努力を、瞬間的にではなく、じっくりじっくり出し続けられる力もつけてまいりましょう。

8月26日

努力

　夢と現実を結ぶもの。それが「努力」。
　夢の実現、目標達成のためには、行動あるのみです。でもそれは決して苦しいものではなく、楽しみながらやることが大事。
「努力」が嬉しい実を結ぶために。

8月27日

無駄な努力は
何一つない

　目標は決して最終ゴールではない。目標はあくまでも通過点。
　どんな結果になろうとも、たとえそこに到達できなくても、それまでの努力は無駄になることは絶対にない。
　そのプロセスと、先に見えるものを大事にしながら、また一つ一つ丁寧に。

8月28日

焦らなくても大丈夫

周りを見てしようと、みんながどんどん進んで見える。
でも大事なのは、比べない、焦らない。
自分のペースで進むのが一番だから。大丈夫。

葉月（8月）

8月29日

たまには肩の力を抜いて

　肩に力が入りすぎていませんか。頑張りすぎていませんか。深呼吸していますか。
　息をふぅ〜っと吐いて、時には力を抜くことも大切です。

8月30日

無理は続かない

　頑張ることが必要なときもあるけれど、無理をしているだけでは心が壊れてしまいます。
　だから時には力をゆるめて、自分自身を取り戻しましょう。

8月31日

頑張らない自分も大切に

　頑張っていることにちょっと安心して、逆に頑張らないと不安になってしまうことも。でも頑張らなくても安心できる、そんな自分でいられるように、肩の力をふっと抜いて、自分が喜ぶことをしてみましょう。

葉月（8月）

長月

ながつき

9月

空気を味わう

夜空を照らす月明かりが
輝きを増すこの季節。
澄んだ空気が冴え渡り、
深呼吸が心地よい。

9月1日

学びとは

　学ぶということは、単に知識を頭の中に入れるということではなく、物事や自分自身について、より深く考え、その思考の過程で今までとは違う新しい何かが自分の中に芽生えるということ。
　その小さな変化を大切にして、またより学びを深めてまいりましょう。
　学ぶことに意欲が湧いてくる季節です。

9月2日

知的好奇心で生き生きと

　学ぶというのは、自分の中に変化が起こること。頭の中に知識を入れるというだけでなく、なるほど！　と納得できるところに喜びや感動があり、細胞も活性化するのです。
　生き生きと輝く人生を送るために知的好奇心、向上心、探究心を持ち続け、学ぶことに喜びを持てることが、若々しくいられる秘訣です。

9月3日

自分と向き合う時間を大切に

　自分自身と向き合う時間、自分自身を大切にする時間を作りましょう。

　自分の心と向き合い、いたわると、心の余裕を持つことができます。心にゆとりがあれば、他人を思いやる気持ちも生まれます。

　もっともっと自分自身をいたわって。

9月4日

「気づき」があればまず一歩

「気づき」と「行動」はセットです。何かのきっかけで「気づき」があったとしたら、まずは少しでも動いてみましょう。

　何もしなかったら「気づき」がなかったのと同じです。

　だから、まず一歩。

9月5日

まずは自分で考えて

　悩んでいるときも、落ち込んだときも、他人に答えを求めずに、まずは自分の心に向き合って、じっくり考え続けていると、自分の中に答えが見えてくるはずです。
　そしてそれが必ず自信につながるのです。

9月6日

ひらめきに
良し悪しはない

　ひらめきに従ったからといって、必ずしもそれが全てうまくいくとは限らないけれど、ひらめきに良し悪しは決してなく、潜在意識から湧き出てくる素敵なもの。
　感性を磨いて、自分自身を信じて、そのひらめきを大切にしてまいりましょう。

9月7日

様々な角度から

　自分を認め、他者をも認めて、ニュートラルに考えられるようにするためには、多角的に物事を見てみましょう。
　そして固執しないことが大切です。

9月8日

自分を客観視する

　ちょっとイライラしたり、怒りがこみ上げてきたり、ネガティブな感情が出てきたら、まずは自分を客観視。
　その感情を抑えつけるのではなく、自分自身を俯瞰しているうちに、いつのまにか心も落ちついてくるものです。
　いつも良い時ばかりではない。でもそれも大切な自分。

9月9日

自分への問い

　失敗してしまったり、モヤモヤしているときの自分への問いかけは、「どうして……」ではなく「どうしたら……」。
　うまくいかなかった理由を探すのではなく、うまくいく理由を考えるように、質問を工夫してみましょう。
「どうしたら、それができるかしら？」

9月10日

思考が現実を引き寄せる

　良いことも良くないことも、自分が考えたものは全て引き寄せます。
　自分に対して言った言葉も、他人に対して言った言葉も、全て自分の人生に反映されます。
　どうせなら、プラスのエネルギー、引き寄せましょう。

9月11日

知識を知恵に変えていく

　本を読んだり、人から教えていただいたり、私たちは様々な方法で知識をインプットし、多くのことを学んでいます。
　そのインプットした知識、今度はアウトプットしながら、自分なりに行動と経験を重ねていくと、やがてそれは知恵になっていきます。
　大切なのはインプットとアウトプット。

9月12日

本当に必要な情報は何？

　溢れる情報の中で生活していると、その情報に埋もれてしまい、大切なものが見えなくなってしまいます。
　何となくではなく、何のために、と問いながら、必要な情報を選択してまいりましょう。膨大な量の情報に流されないように。

9月13日

時には単純になる

　人間は賢い生き物だから、いろいろなことを考えすぎ。おまけに感情も複雑だから、頭の中や心の中がパンク状態になることも。
　だからあえて思考をストップし、心をリラックスさせて、ただただ単純になることも大事です。
　美しい月を見て、明日はきっとうまくいく、と。

9月14日

忙しい時こそ立ち止まる

　目が回るほど忙しいと、落ちついた判断もできません。忙しい時こそ立ち止まり、深呼吸して、ストレッチして、できれば美味しい物を口にして心身リセット。
　たとえわずかな時間でも、心が喜ぶことをしてみましょう。

9月15日

現在地を知る

　ナビだって、現在地がわからなければ、目的地までの表示はできません。
「今の自分」を知ることは大事。今、何に関心があり、何を心地良いと感じ、めざす目的地はどこなのかを明確にできれば、あとは自分らしく進むだけ。
　まずは自分を見つめて、自分を知ることから始めましょう。

9月16日

まわり道も必要な道

　時間もかかって、体力も使って、無駄だったと思うかもしれない、そのまわり道。
　でも振り返ってみると、そこにはいっぱい気づきがあって、まっすぐ進むより、たくさんのものを見てきたはず。
　だからそれは、あなたにとっては必要な道。

9月17日

感謝する

　譽められたら、
成長を認めていただいたことに、謙虚に感謝して、また次へのエネルギーに。
　叱られても、
謙虚に有り難く受け止めて、それを次への成長の糧に。

9月18日

いいこと

　どんなに辛い日でも、どんなに悲しい日でも、どんなに落ち込んでいたとしても、必ずあります、「いいこと」は。
　コーヒーが美味しかった。
　電車にギリギリ間に合った。
　金木犀の良い香りがしてきた。
　小さな「いいこと」を見つけていって、小さな幸せをつかみましょう。

9月19日

ネガティブ感情を抑え込まない

　どんな感情も、私たちにとっては大事なもの。だからネガティブな感情にも蓋をしないで、ゆっくり認めて、その自分の本当の心に気づいたら、あとは共感しながら、望む未来へと修正していけば良いのです。

9月20日

現実も知る

　現実逃避ばかりしていても、理想の未来はやってきません。
　理想の未来を思い描いたら、現実をしっかり見て、今必要なことは何かを考えながら過ごすことも忘れずに。

長月（9月）

9月21日

頭と心をクリアに

　頭の中や心の中がもやもやガヤガヤとしていたら、それは不必要な情報や、多くの助言に惑わされている証拠。
　そういうときは、頭と心をすっきりさせて、何も考えずに一度リセット。そして迷わず進んでまいりましょう。自分を信じて。

9月22日

心の整理も取捨選択

　何でもかんでも抱え込んだり、何でもかんでも取り入れて、溢れんばかりのものの中にいたら、自分自身を見失ってしまいます。
　やっぱり自分の「心地良い」を大切にして、選ぶことも、手放すことも、大事にしましょう。

9月23日

丁寧に暮らすと心が整う

　忙しい日々に追われて、雑然と生活するよりも、物を丁寧に運ぶとか、文字に気持ちを込めて書いてみるとか、いつもより少し丁寧さを加えるだけで、心がだんだん整って、豊かな気持ちになってきます。

9月24日

立つ鳥跡を濁さず

　レストランやカフェ、ホテルなどでは感謝の気持ちを込めて、新幹線や特急電車、公共のお手洗いなどではそのあとに来る方が気持ち良く利用できるように、自分が使ったところはきれいにして立つのが思いやりです。
　一人一人の意識から、他人への思いやりの輪が広がれば、優しい社会になっていくのです。

9月25日

平常心を心がけよう

　普段と変わらない心で、一つ一つのことを心を込めてやることで、何事にも動じない心が出来上がってきます。
　それが、どのようなことも乗り越えられる大きな力になるのです。

9月26日

心と体の
深いつながり

　体が喜ぶことをすれば、心も整う。
　心が喜ぶことをすれば、体も整う。
　だから、心も体も大切にすること。忘れがちだけれど、大事なこと。
　自分に制限をかけたり、枠にはめたりしないで、時には心と体をゆるめてリラックス。そうすると潜在意識につながって、内なるパワーを引き出せます。

9月27日

体を動かそう

　ちょっと心が落ちつかなくなってきたら、体を動かして伸ばしてみると、ずいぶんまた安定してきます。
　気持ちにゆとりがなくて、ちょっと心が固まってきたら、身体をほぐして柔らかくすると、心もだんだんほぐれてきます。
　柔らかい心、安定した心を取り戻すために、体をちょっと動かしてみましょう。

9月28日

自分自身を喜ばせる

　物事をうまくやるためにも、世の中や人のために尽くすときも、まずは自分自身を喜ばせる。自分の心と体が幸せになっていれば、周りも幸せにできて、プラスの循環が生まれます。

9月29日

感謝の種

　ネガティブの裏には、必ずポジティブなことがひそんでいる。辛い過去を経験しても、その中から少しでも感謝の種を見つけられれば、その後の人生の質が変わります。
　過去は決して変えられなくても、その捉え方は変えられるものなのです。

9月30日

「有り難い」を忘れない

　どのようなときも、忘れてはいけない感謝の気持ち。周りには本当は有り難いことがたくさん溢れている。
　あたり前のように感じることも、よく考えると「有り難い」。

神無月

かんなづき

10月

身を引きしめて、そして楽しむ

時の流れが早い分、私たちも確実に歳を重ねています。
今年の残りの3ヵ月、しっかり自分自身に責任を持って、一日一日を大切にしたいですね。
実りの秋。読書の秋。スポーツの秋。学びの秋。
まだまだ充実した日々を送れそうです。あなたはどんな秋を楽しみますか。

10月1日

今月のうきうきする
テーマは何ですか

　月の初めは気持ちをリセットするのに絶好のチャンス。今月のテーマを決めてみましょう。スケジュールに振り回されない、自分自身のための大切なテーマ。
　考えただけでもうきうきすることを見つけて、心に余裕が持てると、いろいろなことがうまくいきます。

10月2日

自分との対話

　人と人とのコミュニケーションも重要ですが、自分と向き合い、自分の「心と体」と対話するって、とても大事。
　自分のことがわかってこそ、お相手のことも理解できるのです。

10月3日

自分とも仲良くする

　他人と仲良くなるのと同じように、自分自身と仲良しになるよう、良いところも欠点も、全て受け入れ、人としての価値を認めましょう。
　完璧でなくても、失敗しても、あなたらしい魅力があるのですから。

10月4日

魂が喜ぶことをしよう

魂を喜ばせると、心が軽くなる。
魂を喜ばせると、ドキドキする。
魂を喜ばせると、満たされる。
そして自分が幸せになると、人も幸せにできる。

10月5日

一輪のお花

　ふと目に止まったお花があるとしたら、それは今日のあなたの気持ち。そっと寄り添ってくれる存在です。
　そばに置くその一輪が、きっと心を和ませ、穏やかにしてくれるはず。どんなときも静かに見守ってくれるお花を大事にし、自分自身も見つめてみましょう。
　お花のパワーと優しさで、本来の自分を取り戻すことができるのです。

10月6日

心地良い場所で咲くのが一番

　周囲に惑わされず、世間の評判を気にせずに、一番良いのは自分が心地良い場所で自分らしくいられること。
　だから、本当に心地良いと思う場所をちゃんと知っておくことが大切です。

10月7日

気分が乗らない日には

　どうしても気分が乗らないときは、自分の「好き」を回りに散りばめて、心地良い空間を作りましょう。
　無理矢理、気合で頑張っても、かえってストレスが溜まるだけ。
「好き」をいっぱい集めて、「素敵」を回りに散りばめて、気持ちを少しずつ高めてまいりましょう。

10月8日

特別感

　季節限定や期間限定に弱い私たち。この限定という「特別感」に大きな期待を膨らませます。通常とはちょっと違うから嬉しくなるこの感覚。気持ちが乗らない日には、この特別感を取り入れると、ちょっと気分が上がってきます。
　いつもよりグレードアップしたアクセサリーやネクタイを。ランチには特別なデザートをプラスする。もちろん限定品にトライしてみる。小さな「特別」を味わいましょう。

10月9日

今、何を感じているのか

　目の前に見えることや一般常識、理性などで考えるのではなく、今、何をどのように感じているのか。自分の感覚を研ぎ澄ますと、潜在意識がふわっと湧き上がってきます。
　それが本当の心の声。

10月10日

自分の感情を受け入れる

　喜びも悲しみも、楽しいことも辛いことも、自分の感情に逃げずにハートで受け止め、それをじっくり受け入れる。そういう自分を認めてみる。
　あなたは大切な唯一無二の存在だから。

10月11日

いろいろある。
それが人生

　良い時も悪い時も、嬉しい時も悲しい時も、楽しい時も苦しい時も、
山あり谷あり、
いろいろなことが起こるけれど
それを乗り越え、それを味わい尽くす。
　人生ってそういうもの。

10月12日

感覚に従う勇気を持つ

　感覚に従おうとすると、時には不安を感じたり、思いきれないこともあるかもしれません。
　でもその感覚は、きっと潜在意識から湧き出たもののはず。
　信じて、勇気を出して、踏み出して。

10月13日

五感を使う

　想像力を豊かにするためにも、直感力を養うためにも、五感をしっかり使って、その感覚をたっぷり味わいましょう。

　感性が豊かになると、心も人生も豊かになります。

10月14日

「美味しい」と感じるのは五感で

　美味しいものを食べると誰もが幸せになります。

　味覚だけでなく、視覚も聴覚も触覚も嗅覚も、五感全てを通して味わえば、美味しさのグレードがさらにアップ。

　いつものお食事の環境、改めて整えてみましょう。

10月15日

「好き」を意識する

　自分の「好き」をしっかり意識して過ごしていると、それにまつわる情報が入ってきたり、何か関連することが起こることがあります。
　それを行動に移していけば、可能性は無限大。
　自分の「好き」はやっぱり大切。

10月16日

情熱を取り戻そう

　自分の本当に好きなこと、望んでいる状態、心から楽しめること、心の底から駆り立てられるもの、それらを忘れてしまっていることがある。
　やらなければいけないことに追われるだけで、精一杯のこともある。
　心の奥底に眠っている情熱を取り戻せば、自分らしく生きられる。

神無月（10月）

10月17日

恨むより愛することに
エネルギーを

　負のエネルギーは、負の連鎖をもたらします。愛を注げば、必ず愛が巡ってきます。同じエネルギーをかけるなら、愛溢れる優しい言葉と、愛溢れる行動を。

10月18日

心の声に従った
優先順位も大切に

　物事につける優先順位は、ただやらなければいけない To Do につけるだけでなく、自分が大事にしている、ありたい自分の姿 To Be にも目を向け、魂の声に耳をじっと傾けて。

10月19日

空間を意識する

　空間があると、空気の流れが良くなります。
　空間があると、そこに美しさが生まれます。
　お部屋、机周り、クローゼット。心地良い空間を意識しましょう。

10月20日

すきま時間

　時間を意識すると作れるもの。三分あればできること。
　リストアップしておくと、すきま時間をとても有効に使えます。
　時間がないからとか、忙しいからと理由をつけず、短い時間をどんどん活用して、やりたいこと、やりましょう！

神無月（10月）

10月21日

今という瞬間を味わう

　過去にとらわれず、未来に不安を募らせず、今に集中して生きること。
　自分の意識や感覚に敏感になり、今に気づきを得て、未来に向かって進んでいきましょう。

10月22日

今の「好き」を大事にする

　昔好きだったことにしがみつかず、今好きなこと、心地良いと思えることに集中して、その想いを大事にしましょう。
　そうすると、新たな発見があったり、新しい道が開けます。

10月23日

自分を好きになる

　自分のことは、わかっているようでわかっていないところもたくさんあります。
　内から知ろうとする努力と、客観的な視点を持ちながら、どんな自分にもOKを出して、まずは自分を好きになる。
　そうしたら、相手のことも認められて、相手の良いところもたくさん見つけられるようになってきます。

10月24日

笑顔

　笑顔は笑顔を引き寄せます。笑顔は人を救います。
　自分自身も。周りの人も。
　だから忘れないで。あなたの笑顔がとってもステキだということを。

神無月（10月）

10月25日

感動する心

　世の中の進歩と変化が激しい分、
私たちは新しい刺激を求めてばかりいるけれど、
大切なのは、小さなことにも価値を見出し、
感動できる心を持つことです。

10月26日

不完全だからこそ美しい

　茂る葉もあれば枯れる葉もあり、咲きほこる花もあれば散る花もあり、その不完全でありながら調和した姿を私たちは美しいと感じ、慈しみます。
　人間も同じ。自信がある時もあればなくなる時もあり、元気な時もあれば落ち込む時もあってあたり前。
　不完全だからこそ、もっと学ぼうという意欲が湧き、もっと輝きたいという向上心を持つ。その姿が美しいのです。

10月27日

歳を重ねた美しさ

　心のこもった思いやり。心の底から与えられる無条件の愛情。しなやかに回復できる精神力。
　歳を重ねるごとに磨くことのできる美しさもあるのです。
　変わっていく外見を気にするよりも、磨ける内面を大事にしてまいりましょう。

10月28日

人間力を豊かにする

　日々の暮らしを丁寧にするということは、自分自身を大切にし、周りの人たちをも大事にすること。
　日々の小さな心がけと小さな心配りの積み重ねが、人間力を高め、豊かにします。

神無月（10月）

10月29日

あたり前に感謝する

　そばにいるのがあたり前。持っているのがあたり前。食べることができてあたり前。
　普通にしているこのあたり前のことが、本当はとてもありがたく、忘れてはいけないあたり前のこと。
　あたり前に溢れている日常に感謝して過ごしましょう。

10月30日

使命（ミッション）

　この世に生を受け、誰にでもその命を使うという「使命」があります。
　大切な命をどのように使うべきか考えると、
自分のため、家族のため、世の中のため
丁寧に生きていかなければいけません。
　夢と愛情と情熱を持って命を全うするミッションを、
みなが持っているのです。

10月31日

明珠在掌
<small>みょうじゅたなごころにあり</small>

　明珠(宝石)は自分の手の中に在るということ。輝く魅力はすでにあなたの中に在るのです。
　その素晴らしい個性と魅力に気づき、大切にしながら磨き、輝かせましょう。その輝きはあなた次第。

神無月(10月)

霜月

しもつき

11月

時間は取り戻せないけど、やり直せる

思い通りにできなかった過去ばかりをふり返っても、その時間が戻ってくることはありませんが、諦めなければ、何度でもトライしてみたり、成功をめざして頑張れるチャンスはいくらでもあります。
さあ、今年もあと2ヵ月。やり直せる未来の時間を考えて、何ができるかしら？

11月1日

起こることは
全て必要なこと

　ポジティブなことも、ネガティブなことも、自分の身に起こることは、人生でとても必要なこと。
　たとえマイナス感情が湧いてきても、無理にそれを否定せず、そのまま受け入れること。そして俯瞰すること。
　するとその感情、自然に和らいできます。

11月2日

トラブルには
全て意味がある

　どんなことが起こっても、たとえ辛くなってしまっても、起こることには意味があり、全て次に進むステップに。
　今は未来に続く通過点。だから、心配しないで。

11月3日

負の感情も
大事な心の一部

　ネガティブな感情が湧いてきても、決して抑えつけないで。自分の大事な感情の一つとして認めて、受け入れて。
　今、感じているそのままを意識しているとだんだん楽になってきます。だから、大丈夫。

11月4日

手放す

　我慢しないで。無理しないで。そして妥協しないで。
　心地良くないと思うことは、思いきって手放して、「心地良い」を大切にしましょう。

霜月（11月）

11月5日

思いきる

　時には思いきりが大切。決断に悩むこともあるけれど、思いきって決める。そしてそれ以外を断つ。
　そうすると、パッと未来が開けます。

11月6日

失敗したら
そこがスタート

　失敗しても決してそれで終わりなのではない。失敗したら、そこがまた新しいスタート地点。
　何もしなければ失敗はしないけれど、たくさん挑戦すればするだけ、失敗だってあるのです。失敗の数ほど成長し、失敗の数ほど世界が見える。

11月7日

本当の欲求

　あれが欲しい。こうなりたい。これをやりたい。
　様々な自分の欲求は本当に必要なものなのか、時には落ち着いて考えることも大切です。
　他人と比べてその欲求が出てきたものなら、本当は必要のないものかもしれないから。

11月8日

うまくいかなくても褒める

　たとえうまくいかなかったとしても、大事なのはその過程。だからいつも全力で力を尽くす。
　自分に対しても、そして他人に対しても、頑張ったところをちゃんと見てあげて。

霜月（11月）

11月9日

自分を責めない

　物事がうまくいかなかったとしても、精一杯やったのであれば、そこにはたくさん学びがあります。
　その学びを生かして、また次につなげるエネルギーこそ、価値のあるものなのです。

11月10日

強くなくても大丈夫

　人は誰でも弱さがあり、それをみなで支え合って生きている。
　だから無理しなくても、強がらなくても大丈夫。弱くったって大丈夫。

11月11日

つまづいたら
立ち上がればいい

　失敗を恐れず、できないかもしれないと怯えず、ありたい自分が選んだものは、たとえうまくいかなくても、そこからまた進むことができるのです。
　だって本当の失敗は、そこから起き上がらないことだから。だからやってみることが大事。

11月12日

人生は
トライ＆エラーの積み重ね

　自分のアンテナにビビッと来たもの。心の底からやりたいと思ったこと。
　やる前にあれこれ考えて躊躇するより、まずはやってみる。
　だってやってみなければわからないから。人生はトライ＆エラーがあってこそ、より奥深くなってくる。

霜月（11月）

11月13日

理想を掲げたときの
気持ちを思い出す

　今うまくいかないと、どうしてだろう、無理なのかな、やっぱり大変……という思いでいっぱいになってしまうけれど、思い出してみると、そういえば、夢や理想を思い描いていたときって、とてもうきうきしていたはず。
　悩んだときは、そのときの高まる気持ちを思い出して。

11月14日

失敗から学ぶと
成長できる

失敗って、本当は諦めたときに初めて失敗となる。
チャレンジし続けて、学び続けていたら、それは成長。
だから諦めないで。

11月15日

過去にしがみつかない

　うまくいかなかったことを考えて、
多くの時間を費やしては、
限られた人生がもったいない。
　過ぎたことにくよくよせず、
うまくいく未来を考えて、
また進んでいけば、
必ず道は開けるのです。

11月16日

一人で抱え込まないで

　悩んだり、行き詰まったりしているときって、どうしても内に入ってしまいがち。でも周りには、あなたを支えてくれる人たちがいるはずです。
　ちょっと外を見てみましょう。我慢しないで。

霜月（11月）

11月17日

一人で悩まなくて大丈夫

　よく周りを見渡してみると、優しい人がいっぱいいる。一人ではないことに感謝して、自らの優しさと思いやりが、素敵な関係を作っていたはず。
　思いきって助けを求めることも、思いきって悩みを打ち明けることも、時には大事。

11月18日

弱みを見せてもいい

　強がっていることが強いのでもないし、頑なに意地を張ることが強いわけでもない。
　だから、弱みを見せることも決して弱いことではない。素直に助けを求められることや、素直に助けを受け入れられることが大事なのです。

11月19日

助けてもらっていい

　一人でやるには限界がある。だから手伝ってもらっていいのです。助けてもらっていいのです。
　一人で頑張りすぎないで。一人で完璧を求めないで。
　支え合いましょう。

11月20日

支え、支えられて生きていく

　人は目に見えないところでも多くの方に支えられ、一人で生きているのではないことを決して忘れず、そして感謝いたしましょう。
　余裕ができたら、また世の中のために役に立てるよう努力していけばよいのです。

霜月（11月）

11月21日

「強み」を生かす

　自分の弱いところばかりが気になって、何とかしなくては、と思っても弱みはなかなか生かせません。
　それなら得意なことや長所を探して、その自分の「強み」をどんどん生かしていけばいいのです。

11月22日

人の魅力

　本当の美しさは、目に見えるものではなく、人間的に磨かれたものから溢れるもの。
　見た目ばかりを気にせずに、魂を磨いていく努力をしていけば、それが自然に魅力となるのです。

11月23日

バランスを取りながら

　平均台の上を歩くように、今の自分が置かれている状況と、周りの環境のバランスを取りながら、未来に向かって進んでも、時にはそのバランスが崩れたり、思いがけないことが起こったりするもの。
　でも、一歩下がったところから歩き始めたって、立ち止まって体勢を整え直したって大丈夫。バランスを取りながら、ゆっくり歩けばいいのです。

11月24日

光が当たらない存在も意識する

　光を見るときに影の存在があることを私たちは忘れてはいけません。
　成功の裏には多くの失敗があることも、気がつかなくてはいけません。
　見えない努力、苦労や挫折が世の中にはたくさんあることを知り、それを労わる優しさを持ちましょう。

霜月（11月）

11月25日

エネルギーの循環

　エネルギーというのは、受け取ってから与えるのではなく、与えるとそれに見合った分、受け取れるもの。
　自分なりのエネルギーを高めていき、プラスの循環を作りましょう。

11月26日

小さなきっかけを
大事にする

　様々な出会いや出来事、変化の中で、小さなきっかけを大事にしながら、自分の成長の可能性を信じていれば、それが大きな成功や飛躍に繋がるかもしれません。
　そして大事なのは、自分の意志、選択や決断に責任を持ち、行動し続けることなのです。

11月27日

限られた時間

1日24時間、1年365日。
時間は有限。
でも、使い方は無限大。

11月28日

時間を
無駄にしないために

時間を無駄にしたくないからと、一分一秒惜しんで、全力疾走もいいけれど、やはり大切なのは自分自身の心の充実。
　それが根底にあってこそ、自分の時間が生きるのです。

霜月（11月）

11月29日

心を満たす物を知る

　何でも手に入る世の中で、たくさんの物に囲まれているのに、それでも心が満たされないと感じるのであれば、自分にとってお金では買えない尊いもの、心の奥にある目に見えない大切なものは、何だろうと問う時なのかもしれません。

11月30日

時には
流れに身を任せて

　ゴールに向かってコツコツと努力を積み重ねるときもあれば、がむしゃらに進むときもあります。
　でも絶対にこうでなくてはいけないと、自分を縛りつけないで。
　時には力を抜いてふんわりと。頑張りすぎないで。

師走

しわす

12月

一年の締めくくりは
悔いのないものに

一年前に立てた目標が思い通りでなかったとしても、
最後の月の過ごし方次第で、
気持ちよく新しい年を迎えられます。
慌てず、落ち着いて振り返ってみましょう。
かけがえのない一年だったはず。

12月1日

自分を満たすことができるのは自分自身

　もやもやしているとき、何だかうまくいかないとき、その満たされない心を埋められるのは、やはり自分自身。
　好きなこと。心地良いこと。心が落ちつくこと。自分だけが知っている自分自身を満たせること。
　だからいつも心の内に問いかけて、少しずつでも、また心が喜ぶことで満たせるようにしていきましょう。

12月2日

誰かを真似る前に自分を認める

　憧れの存在の方を真似るのは、理想の姿に近づく一つの方法。
　でも、どんなに弱い自分でも、どんなに自信のない自分でも、まずはそういう自分を認めてから。
　そうすれば「真似」も「本当の自分」になっていきます。
　自分を認める。そこからスタートです。

12月3日

自分を信じ続けること

　どんなときも、自分を大切にして、自分を信じていれば、大丈夫。
　あなたはあなたらしく。それが一番。

12月4日

自分の気持を大切に

　人にどう思われるかより、自分がどうしたいかが大事です。
　人の目を気にしながらいると、どんどん自分らしさが失われてしまいます。
　大切なのは自分自身の本当の気持ち。

12月5日

自分で自分を幸せにする

　今あるものが全てなくなったとしても、「私」であることには変わりません。
「私」自身を楽しませ、「私」自身を幸せにすることができれば大丈夫。
　そのためには、自分は何で楽しむことができて、どうすれば幸せになれるのかを知っていることが大切です。

12月6日

自分に枠を作らない

　私たちはまだまだ未完成。これから様々なことができる可能性があって、これからもっともっと成長できます。
　自分に枠を作ってしまってはもったいない。人生何十年とある中で、出会いがあり、チャンスがあり、たくさんの経験をし、昨日とは違う今日の「私」がいるのですから。
　自分の力を最初から決めてしまわず、自分自身の可能性を目一杯信じてみましょう。

12月7日

「思い込み」の枠を外す

　なかなか踏み切れないとき、もしかして思い込みの枠にはまっているのかもしれません。
　とりあえず、えいっ！　とやってみると、案外できたりするものです。
　小さな行動から、思考が変化することも。

12月8日

偏見を持たない

　偏ったものの見方や考え方をしなければ、視野がぐっと広がります。
　思い込みや決めつけをしなければ、世界観が変わってきます。
　いつのまにかできてしまったその枠を外し、心を柔軟にしてみましょう。

師走（12月）

12月9日

時には天に任せる

　雨が降る時もある。
　モヤモヤと曇りの日もある。
　でもちゃんと爽やかな晴天もある。
　自分ではどうしようもない時は、思い切って天に任せてみると、気持ちもす〜っと楽になる。

12月10日

幸せのかたちは
人それぞれ

　小さくても、大きくても、ささやかなことでも、目立つことでも、「幸せ」は世間の基準ではなく、自分の基準を大切に。
　だから本当は周りにも幸せがいっぱい。

12月11日

アイデンティティ

　誰かを愛するのと同じように、「自分らしさ」を愛することができますか。
　本当の自分を認めて安心できたら、それが揺るぎないアイデンティティとなるのです。

12月12日

人と違うからこそ
素晴らしい

　みな違う価値感で、みな違う好みがあり、みな違う得意分野があるから面白い。
　人と同じようにしようとせず、自分らしさを大切にして自分を認め、相手を受け入れて、心地良い世界を作っていきましょう。

12月13日

誰でもみな一流に

　特別な才能を持つ人だけが一流なのではなく、自他への思いやりの心、感謝の気持ち、丁寧な言葉遣いやふるまいなどを、日々の生活の中で丁寧に心がけ、内面を磨くことが一流に結びついてきます。
　経営者でも、会社員でも、主婦でも、学生でも、どのような人でも、人として魅力的な人こそ一流になるのです。

12月14日

人それぞれに正解がある

　世の中にこれが絶対正しいというものはなく、みなそれぞれ自分の中に正解を持っているのです。
　他人の意見に振り回されず、自分に対して問いかけて、自分の答えをしっかり見つめて進んでまいりましょう。

12月15日

他人の目は気にしない

　他人の目を気にしすぎると、自分を失い、悩むだけ。
　気にしなくても大丈夫。終わったことも、これからのことも、あなたらしく、前に進めば大丈夫。

12月16日

断っても大丈夫

　いい人にならなくても大丈夫。他人に振り回されず、自分らしくいられるように、自分にもっと自信と責任を持って。
　時には断っても大丈夫。もっと自分を大切に。

12月17日

自分を責めない

　反省するのは大事ですが、決して自分を責めないこと。
　自分を見つめて、自分を認めて、自分自身を大切にしましょう。

12月18日

自分の道だから

　ゆっくりでも、寄り道しても、立ち止まってもいいのです。
　自分の心に正直に、しっかり地に足をつけて、前に進んでまいりましょう。
　他人の道ではなく、自分の道を。

12月19日

選ぶときは

　人生は選択の連続。迷っても悩んでも、いつも自分のしっくりすることを選んでいけば、大丈夫。
　他人軸ではなく、大切なのは自分軸。

12月20日

変化を受け入れる

　季節がうつろい、世の中が刻一刻と変わり、私たち自身も変化をくり返していく中、過去に固執し、流れに抵抗すると、余計なエネルギーが奪われてしまいます。
　心や行動に自由度を持ち、変化を柔軟に受け入れて、変化を楽しむぐらいの気持ちで過ごしましょう。

12月21日

壁にぶつかるのは
成長している証

　何もしなければ壁にぶつかることはありません。何か行動を起こしているからこそ、壁に当たり、行き詰まったりすることがあるのです。
　でもそれは成長の過程にいる証。それを乗り越える力は何よりも強く自信となります。
　大丈夫。焦らず、根気強く進みましょう。

12月22日

マイナスは
プラスにとって大事なもの

　マイナスの経験があるからこそ、真の幸せをありがたく思い、ネガティブな感情を知るからこそ、ポジティブな感情も大事にできる。
　だから、どちらも大切。

12月23日

自分の感性を信頼する

惑わされない。流されない。
　心から願うこと、心から想い描くことに目を向けて、自分の感情に素直になり、自分の偽りのない感性を大切に。

12月24日

良いことを見つける
感度を高める

人生では、良いことも悪いことも起きるもの。
　それならば、少しでも日常で良いことを見つけられるように、そして、たとえ小さなことでも幸せを感じられるようにしていると、前を向いて歩けます。

師走（12月）

12月25日

今あることに感謝する

　無いことばかりに気を取られると、いつでも何でもないないづくし。
　でも目の前のことに丁寧に目を向けてみると、ありがたいこともいっぱいあります。
　小さなことでも、あることに感謝。

12月26日

自由

　自由とは、自分勝手に好きなように何でもできるということではありません。
　自由とは、自分の選択肢がたくさんあり、いつでも、より良い選択ができること。
　そこには周りへの思いやりも優しさも含まれているということなのです。

12月27日

時間

　与えられた時間は限られていますが、使い方は無限にあり、使う時間は作るもの。
　時間がないからできないのではなく、できるように時間を作る工夫をいたしましょう。

12月28日

自分の人生に
責任を持つ

　誰かのせいではなく、良いことも悪いことも、全て自分の選択の結果。
　そういう覚悟があるならば、絶対に自分の力で運命を切り開いていけるはず。
　あとは自分の「好き」を大事にするだけ。

師走（12月）

12月29日

明日につながる「今」を生きる

過去にばかり目を向けているとなかなか前に進めません。
昨日のために「今」があるのではなく、明日のために「今」がある。
たとえ失敗したとしても、ふり返ってばかりいないで、明日をより良くするために、前を向いて「今」を大切にしてまいりましょう。

12月30日

出会いを大切に

一度きりの人生で、どれだけの人に会えるでしょう。
この広い世界中で出会えることは奇跡であり、出会えたことは運命です。
だからそのご縁、大切にしないと。

12月31日

経験したことは全て
人生に必要なこと

　生を受けてから今に至るまで、経験してきたことは全て私たちの人生に意味があり、必要なこと。だから、楽しい時も苦しい時も、いろいろなことがあったけれど、素直に受け入れて、生きる糧にしていきましょう。
　そして、気持ちよく新しい年を迎えましょう。
　必ず明るい光が輝いているはずだから。

師走（12月）

おわりに

　私たちは自分で自分の人生を幸せにしていくことが出来ます。
　夢を叶えたい、理想の自分になりたい、と思ったら、まずは一歩を踏み出すこと。小さな種を蒔き、あなただけの花を咲かせるために、自分の心の声に素直になり、丁寧に毎日を積み重ねて参りましょう。

　自分を慈しみ、明日に繋がる今日という日を大切にしていけば、必ず、あなたらしい幸せの形を見つけられます。

　最後になりましたが、本書を出版するにあたりお力添えをいただきました晴山陽一先生、編集の大石直孝様には大変お世話になりました。この場をお借りして、深く感謝申し上げます。
　そして、この本を手に取ってくださいました皆さま、本当にありがとうございました。

　皆さまの「夢の音読」が、輝きのある豊かな人生につながりますように。

　　　　　　　　　　　　　　　はせがわ ちづこ

はせがわ ちづこ

株式会社エクラ・エテルネル代表取締役。マナー&コミュニケーションスクール、おもてなしサロン、英語・国語トレーニング教室主宰。各種企業、学校、病院などで、マナーやコミュニケーション、ライフスタイルの研修、講義、セミナーなども行い、「自他への思いやりの心」の大切さを広く伝えている。
『自分を知るとうまくいく』Kindle版が好評。毎日のブログでも、心に響くメッセージをお届け中。
http://www.eclat-eternel.co.jp/blog/

装丁・本文レイアウト　大関直美
写真　PIXTA

夢の音読
心が前に歩き出す365日の言葉の花束

2019年9月26日　初版第1刷発行

著　者：はせがわ ちづこ
発行者：藤本敏雄
発行所：有限会社万来舎
　　　　〒102-0072　東京都千代田区飯田橋 2-1-4
　　　　　　　　　　九段セントラルビル 803
　　　　電話　03 (5212) 4455

印刷所：株式会社エーヴィスシステムズ

© HASEGAWA Chizuko 2019 Printed in Japan

落丁・乱丁本がございましたら、お手数ですが万来舎宛にお送りください。
送料小社負担にてお取り替えいたします。
本書の全部または一部を無断複写(コピー)することは、著作権法上の例外を除き、禁じられています。
定価はカバーに表示してあります。

ISBN978-4-908493-37-9　216p　19cm